Dr. Gertrud Scherf

Pflanzen für Balkon und Terrasse

Die schönsten Blumen und Sträucher.
Auswahl, Pflege und Zucht

Südwest

Bei der Gestaltung Ihres Balkons sind Ihrer Phantasie keine Grenzen gesetzt.

Inhalt

Zauberhafte Balkon- und Terrassengärten 5

Hoher Nutzen – große Schönheit 5
Von der Antike bis heute 7
Exoten und Klassiker 8
Bestandsaufnahme und Planung 13

Einfach pflanzen und pflegen 19

Werkzeuge und Hilfsmittel 19
Pflanzgefäße 20
Platz sparen – in die Höhe pflanzen 22
Pflanzsubstrate 25
Richtig pflanzen 26
Lebenselixier Wasser 28
Düngen 30
Pflanzenschutz 33
Special Krankheiten und Schädlinge biologisch bekämpfen 36

Hobbygärtnerei 39

Überwintern 39
Umtopfen 43
Schneiden 45
Vermehren 47

Pflanzvorschläge 55

Vier Jahreszeiten 55
Düfte 60
Schmackhaftes 60
Special Heimische Wildpflanzen 62

Pflanzenportraits 65

Balkonpflanzen 65
Kletterpflanzen 87
Kübelpflanzen 93
Obst- und Gemüsepflanzen 111
Küchenkräuter 121

Über dieses Buch 127
Register 128

Schon mit wenigen Hilfsmitteln können Sie einen derartig einladenden Hauseingang gestalten.

Blumen
Nickel

Zauberhafte Balkon- und Terrassengärten

Es war noch nie so leicht wie heute, Balkon oder Terrasse in einen blühenden, duftenden und nützlichen Garten zu verwandeln. Noch nie wurden so viele Arten und Sorten, so viele Hilfsmittel für die Balkon- und Terrassengärtnerei angeboten. Die Verlockung ist groß, einfach zuzugreifen und zu nehmen, was gefällt. Pflanzen sind jedoch Lebewesen. Deshalb sollten Sie wissen, was diese Organismen allgemein zum Leben brauchen und welche speziellen Ansprüche manche von ihnen haben. In einer kurzen Bestandsaufnahme sollten Sie klären, was Sie Ihren Pflanzen bieten können. Sie werden sich dann leicht tun, solche als Gefährten auszuwählen, denen diese Bedingungen zusagen, und sie so zu pflegen, dass sie ihre ganze Kraft und Schönheit entfalten können.

Neben vielen nützlichen Büchern werden Ihnen auch die Floristen der Gärtnereien und Blumenfachgeschäfte viele Tipps geben können.

Hoher Nutzen – große Schönheit

Viele gute Gründe sprechen dafür, sich ein Gärtchen auf Balkon oder Terrasse anzulegen. Menschen, die gerne »garteln«, aber keinen Garten haben, können so einen (fast) vollwertigen Ersatz finden.

Günstig für sensible Pflanzen

Viele Pflanzen aus dem Süden – dem Mittelmeergebiet, den Subtropen oder Tropen – können wir nur im mobilen Gefäß kultivieren: Sie müssen den Winter im Haus verbringen, denn draußen würden sie die kalte Jahreszeit nicht überleben. Balkone und Terrassen sind oftmals weniger der Kälte, dem Wind und dem Regen

Das Angebot ist verlockend, aber nicht jede Pflanze gedeiht in jedem Boden.

ausgesetzt als ein Garten, so dass sie gerade Wärme liebenden Pflanzen im Sommerhalbjahr geeignete Bedingungen bieten können.
Manchen Gewächsen kann man einfach besser gerecht werden, wenn man sie in einem Gefäß hält. Sei es, weil sie besonders viel Dünger brauchen, um wirklich schön auszusehen, oder weil sie das Bedürfnis nach einem bestimmten Bodenmilieu haben – im Topf können wir dem nachkommen, ohne Nachbarpflanzen oder Umwelt zu schädigen. Dann sind da die kleinen, feinen Wesen wie Veilchen, die im Garten leicht untergehen und deren zarte Schönheit im Gefäß besonders gut zur Geltung kommt. Einige Pflanzen wirken erst so richtig im passenden Gefäß, etwa Ampelpflanzen wie Petunien oder manche andere Sommerblumen.

Es gibt auch wuchernde Pflanzen wie die Pfefferminze: Im Garten machen sie sich breiter als einem lieb ist – im Topf oder Kasten hat man sie unter Kontrolle.

Wohltuend für Menschen

Praktisch ist es, wenn Küchenkräuter (oder auch Obst- und Gemüsepflanzen) bei jeder Witterung leicht und schnell erreichbar auf Balkon und Terrasse stehen.
Mit Pflanzen und den jeweils zu ihnen passenden Gefäßen können Sie unterschiedliche Stimmungen direkt vor der Wohnung schaffen. Sie können Pflanzen nebeneinander stellen, die im Gartenbeet keine geeigneten Nachbarn wären. Sie können umstellen und durch Entfernen oder Hinzufügen solcher mobiler Gesellen immer wieder neue Gärtchen schaffen – mediterrane Gärten, Duftgärten, Jahreszeitengärten, Bauerngärten.
Balkon und Terrasse laden gerade durch ihre Wohnungsnähe und durch ihre geschützte Lage zu entspanntem Verweilen allein oder mit anderen ein. Unter und neben grünenden und blühenden Pflanzen ist es noch leichter, aufzutanken und Abstand vom Alltagsstress zu gewinnen.

Von der Antike bis heute

Bei all den Vorteilen, die die Topfgärtnerei bietet, verwundert es nicht, dass sie von alters her gepflegt wurde. So waren Topfpflanzen schon 1000 v. Chr. in China beliebt. Im antiken Griechenland schmückten sie Innenhöfe und öffentliche Plätze. Die Römer setzten nicht nur Zierpflanzen, etwa Rosen und Oleander, in elegante Gefäße, sondern auch Nutzpflanzen wie Granatapfelbäume, Feigenbäume und verschiedene Obstsorten.

Innerhalb ihres Reichs sollen die Römer über weitere Strecken Pflanzen in Töpfen transportiert haben. Vielleicht brachten sie manche Gewächse nicht als Samen, sondern als Topfpflanzen zu uns?

Burgen und Klöster

Topfpflanzenkultur gab es dann auch das gesamte Mittelalter hindurch. Berühmt war der mit Kübelpflanzen gestaltete Löwenhof der Alhambra in Granada, und auf den großen Burgen und Königssitzen soll es bereits im Hochmittelalter Dachgärten mit exotischen Pflanzen in Kübeln gegeben haben. Wie hätten in Deutschland die bereits von Hildegard von Bingen geschätzten, aus dem warmen Süden stammenden Rosmarin-, Lorbeer- und Zitronenbäume anders als in Gefäßen die Kälte überleben können?

Nicht nur in Klöstern und Burgen, sondern auch vor den Bauernhäusern standen bald Kübelpflanzen, insbesondere Rosmarin und Myrte.

Schlossterrassen, Hausterrassen

In Renaissance und Barockzeit waren für viele Fürsten und auch wohlhabende Bürger Schlösser, Landsitze und Gärten ein Ausdruck von Reichtum und Macht. Exotische Kübelpflanzen auf Terrassen, in Höfen und Gärten, an Eingängen und Auffahrten gehörten dazu. Noch heute heißen Holzkübel einer bestimmten Form »Versailleskübel«, weil sie im dortigen Schlosspark und auf den Schlossterrassen verwendet wurden.

Seit dem 16. Jahrhundert gab es bei den Schlössern auch eigene Gewächshäuser, in die man die Pflanzen in der kalten Jahreszeit stellte. Zunächst waren diese Häuser kaum heizbar, so dass vor allem die kühl zu haltenden Zitrusgewächse dort überwintert wurden, woraus sich der Name »Orangerien« ergab.

Auch die Terrassen der Bürgervillen des 19. und beginnenden 20. Jahrhunderts wurden mit Pflanzen geschmückt, ebenso die Terrassen der vielen größeren und kleineren Häuser, die in der Zeit zwischen dem Ende des Zweiten Weltkriegs und dem Ende des 20. Jahrhunderts entstanden sind.

»Es war nämlich eine große Terrasse, die nach italienischer Art über das Dach des Schlosses ging. Ringsum an der Galerie standen Orangenbäume und höhere ausländische Blumen, welche den himmlischen Platz mit Duft erfüllten.« Joseph von Eichendorff, Ahnung und Gegenwart (1815)

Balkongärten

Anders als die blühenden und grünenden Dachgärten, Innenhöfe, Eingänge und Terrassen haben Balkongärten noch keine lange Tradition, auch wenn man das beim Anblick eines alten Bauernhauses, auf dessen Balkonen es üppigst blüht, rankt und sich kaskadenartig ergießt, kaum glauben mag. Sowohl an Schlössern als auch an Bürger- und Bauernhäusern gab es zwar Balkone, aber keine Balkonbepflanzung. Erst im 19. Jahrhundert, stärker seit dem Beginn des 20. Jahrhunderts wurde es üblich, Blumen und Gehölze auf Balkonen zu ziehen. Farbenprächtige Bepflanzungen kennen wir insbesondere von alpen- und voralpenländischen Bauernhäusern.

Exoten und Klassiker

Die Gruppe der Balkon- und Terrassenpflanzen ist heute wesentlich größer als noch vor einigen Jahren oder Jahrzehnten. Zu den klassischen Vertretern haben sich viele andere Pflanzen gesellt, die ebenfalls wunderbar an diesen Plätzen gedeihen. Die meisten unserer Balkonpflanzen stammen aus warmen Gebieten der Erde, den Tropen und Subtropen.

Tropenpflanzen

Innerhalb der Tropen gibt es unterschiedliche Landschaften mit unterschiedlichen klimatischen Bedingungen, etwa feuchtheiße Regenwälder, feuchtkühle Bergwälder, trockenwarme Steppen, Wüsten, in denen es tagsüber trocken und heiß, nachts trocken und kalt ist. Viele Tropenpflanzen haben das ganze Jahr Blütezeit. Geeignet für Balkon und Terrasse sind Pflanzen aus tropischen Steppen, Gebirgen und Wüsten.

Die Tropen erstrecken sich rund um den Erdball vom Äquator bis zum nördlichen und südlichen Wendekreis. Hier gibt es keine Jahreszeiten, und Tag und Nacht sind immer gleich lang. Die Subtropen beginnen bei den Wendekreisen und reichen im Norden und Süden bis zu den gemäßigten Klimazonen.

Subtropische Pflanzen

In den Subtropen gibt es einen jahreszeitlichen Wechsel zwischen Trockenzeit und Regenzeit, zwischen heißem Sommer und mildem Winter. Auch das Mittelmeerklima ist weitgehend subtropisch. Je nach Breitenlage variieren die Feuchtigkeitsverhältnisse. In Europa sind typischerweise die Sommer trocken und die Winter feucht. Subtropische Pflanzen sind im Allgemeinen an den Wechsel zwischen Trockenzeit (Ruhe, Samenbildung) und Regenzeit (Wachstum, Blüte) angepasst.
Viele tropische und subtropische Pflanzen sind gut geeignet für die Bedingungen, die wir ihnen im Sommerhalbjahr auf Balkon oder Terrasse bieten können: warm, sonnig, windgeschützt.

Klassische Balkonpflanzen

Sie kamen schon vor langer Zeit aus anderen Erdteilen nach Europa und schmückten hier zunächst Innenräume, Hauseingänge, Höfe und Terrassen, ehe sie ab dem 19. Jahrhundert zu Balkonblumen wurden. Es sind unermüdliche Blüher, die vom Frühsommer bis in den Herbst hinein mit ihrer Pracht erfreuen.

- Pelargonien: im 17. Jahrhundert aus Südafrika

- Fleißige Lieschen: im 17. Jahrhundert aus Ostafrika
- Fuchsien: im 18. Jahrhundert aus Mittel- und Südamerika
- Petunien: im 19. Jahrhundert aus Südamerika
- Pantoffelblumen: im 19. Jahrhundert aus Mittel- und Südamerika

Etliche der klassischen Kübelpflanzen sind schon viel länger bei uns als die typischen Balkonblumen: Rosmarin und Zitronenbäumchen beispielsweise seit dem Hochmittelalter.

Weitere Klassiker sind beispielsweise Begonien, Lobelien und Leberbalsam.

Diese niederwüchsigen, für Kästen, Töpfe und Schalen geeignete Pflanzen sind ein-, zwei- oder mehrjährig und werden am Ende der Vegetationsperiode entweder weggeworfen oder ins Winterquartier geräumt.

Klassische Kübelpflanzen

Diese Gruppe umfasst höher wachsende Stauden und Holzgewächse aus den Tropen und Subtropen (viele aus dem Mittelmeerraum), die in einem großen Kübel im Sommer draußen stehen – auf Terrasse oder Balkon, am Eingang, im Hof – und den Winter unter frostfreien Bedingungen im Haus verbringen. Klassische Kübelpflanzen sind etwa Lorbeer, Feigenbaum, Myrte, Oleander, Granatapfelbaum, Passionsblume.

Neuere Balkon- und Terrassenpflanzen

In jüngerer Zeit wurden die klassischen Balkon- und Terrassenpflanzen durch neue tropische und subtropische Arten wie Fächerblume *(Scaevola aemula)*, Blaue Mauritius *(Convolvulus sabatius)*, Goldtaler *(Asteriscus maritimus)* oder Bougainvillea ergänzt. Dazu kommen auch immer mehr Garten- und Wildpflanzen auf Balkon oder Terrasse.

In Deutschland leben wir in den kühl-gemäßigten Breiten mit vier Jahreszeiten. Es gibt hier viele unterschiedliche Standorte für Pflanzen, z. B. Flussauen (feucht, mild), Laubwald (im Sommer schattig, feucht, kühl), Felsenhänge (trocken, sonnig). Die heimischen Wildpflanzen und auch viele unserer Gartenpflanzen sind an unsere Winter angepasst und können daher an Ort und Stelle bleiben, meist sogar in Kästen, Töpfen oder Kübeln. Sommerblumen, Zwiebel- und Knollengewächse sowie andere Stauden, Gehölze, Gemüse, Obst und Küchenkräuter – in allen diesen Gruppen gibt es inzwischen viele für die Gefäßkultur geeignete Arten und Sorten. Solche Eignung besteht etwa darin, dass Temperaturschwankungen verkraftet werden, dass die Pflanzen flach wurzeln und – für Dauerkultur wichtig – dass sie nicht zu rasch wachsen und nicht zu groß werden.

Auch die auf dem Balkon kultivierten Pflanzen brauchen einen ihren natürlichen Lebensbedingungen entsprechenden Standort.

Die Pracht der Kletter- und Ampelpflanzen

Meist ist der Platz auf Balkonen und Terrassen für Pflanzen ziemlich begrenzt. Schließlich sollen auch noch Tisch, Stühle oder eine Bank untergebracht werden. Ideale Pflanzen sind deshalb solche, die sich wenig in die Fläche ausbreiten (oder denen man dies ungestraft ver-

Einige einjährige Kletterpflanzen

Ballonwein *(Cardiospermum halicacabum)*, Glockenrebe *(Cobaea scandens)*, Zierkürbis *(Cucurbita pepo var. ovifera)*, Dreifarbige Winde *(Convolvulus tricolor)*, Schönranke *(Eccremocarpus scaber)*, Zierhopfen *(Humulus scandens)*, Trichterwinde *(Ipomoea tricolor)*, Duftwicke *(Lathyrus odoratus)*, Feuerbohne *(Phaseolus coccineus)*, Sternwinde *(Quamoclit lobata syn. Mina lobata)*, Schwarzäugige Susanne *(Thunbergia alata)*

Einige Klettergehölze

Kiwi *(Actinidia chinensis)*, Klematis *(Clematis)*, Spindelstrauch *(Euonymus)*, Schlingknöterich *(Fallopia aubertii)*, Efeu *(Hedera helix)*, Winterjasmin *(Jasminum nudiflorum)*, Wilder Wein *(Parthenocissus)*, Passionsblume *(Passiflora)*, Kletterrosen *(Rosa)*, Glyzine *(Wisteria sinensis)*

Die Schwarzäugige Susanne gehört mit ihrer gelben Blüte und dem dunklen Blütengrund zu den eindrucksvollsten Kletterpflanzen.

wehren darf), dafür aber nach oben wachsen (Kletterpflanzen) oder nach unten hängen (Ampelpflanzen). Die Vertreter beider Gruppen bilden lange Triebe. Manche Pflanzen können deshalb sowohl als Kletterpflanzen als auch in Ampeln gezogen werden.

Kletterpflanzen

Kletterpflanzen schmücken nicht nur, sie bieten auch Windschutz und halten unerwünschte Blicke ab, lassen kahle Wände verschwinden, vergrößern Ihr Gärtchen optisch und bringen manchmal Schmackhaftes hervor.
Nach der Art, wie sie nach oben streben, teilt man die Kletterpflanzen in vier Gruppen ein (siehe dazu »Kletterhilfen und Stützen«, Seite 24).
Meist völlig problemlos sind die schnell wachsenden einjährigen Kletterpflanzen. Auch (mehrjährige) Klettergehölze können – mit etwas größerem Aufwand – im Kübel gehalten werden.

Ampelpflanzen

Für die Bepflanzung von Ampeln eignen sich Hängepflanzen, verschiedene kriechend wachsende Arten und einige Kletterpflanzen. Ausdauernde Ampelpflanzen sind etwa Fuchsie *(Fuchsia)*, Hornklee *(Lotus macula-*

Einige einjährige Ampelpflanzen

Goldtaler *(Asteriscus maritimus)*, Blaues Gänseblümchen *(Brachyscome)*, Pantoffelblume *(Calceolaria)*, Glockenblume *(Campanula)*, Kaskadenblume *(Centradenia)*, Blaue Mauritius *(Convolvulus sabatius)*, Einjährige Gartennelke *(Dianthus chinensis)*, Spanisches Gänseblümchen *(Erigeron karvinskianus)*, Asiatischer Felberich *(Lysimachia congestifolia)*, Petunie *(Petunia)*, Mottenkönig *(Plectranthus coleoides)*, Husarenknöpfchen *(Sanvitalia procumbens)*, Fächerblume *(Scaevola aemula)*, Kapuzinerkresse *(Tropaeolum) tus),* Kriechendes Bohnenkraut *(Satureja repanda),* Efeupelargonie *(Pelargonium),* Bleiwurz *(Plumbago).* Auch einige einheimische Wildpflanzen eignen sich als Ampelpflanzen (siehe Seite 62f.).

Abhilfe gegen Wettereinflüsse können Schilfmatten, Spalierwände und Regenschutzvorrichtungen (Fachhandel) schaffen.

Bestandsaufnahme und Planung

Wenn Sie Enttäuschungen (weitgehend) vermeiden wollen, sollten Sie zunächst eine Bestandsaufnahme machen, ehe Sie an die konkrete Planung Ihres Balkon- oder Terrassengartens gehen. Die folgenden Fragen helfen Ihnen dabei:

- Welchen Standort kann ich meinen Pflanzen anbieten?
- Wie viel Zeit kann ich für dieses Hobby erübrigen?
- Wie sieht es mit Überwinterungsmöglichkeiten aus?
- Welche Rechte und Pflichten habe ich?
- Wo liegen persönliche Interessen und Vorlieben?

Standort

Neben der zur Verfügung stehenden Fläche ist bedeutsam, wo sich Ihr Balkon- oder Terrassengarten befinden wird. Auf einer Dachterrasse herrschen natürlich andere Bedingungen als in einem Innenhof.

Norden, Süden, Osten, Westen

Bei Nordlage ist es im Allgemeinen schattig oder halbschattig und kühl. Da weniger Wasser verdunstet, muss ganz besonders auf gute Dränage in den Gefäßen geachtet werden.
Ein nach Süden gerichteter Standort bietet den Pflanzen meist viel Licht und Sonne – ideal für sehr Wärme liebende und sonnenhungrige Pflanzen; für viele andere kann es zu heiß werden. Bei Südlage muss man auf eine gute Wasserversorgung achten. Ost- oder Westlagen

sind meistens günstig. Während ein Ostbalkon oder eine Ostterrasse die mildere Vormittagssonne erhält, eher wettergeschützt, kühler und trockener ist, liegen Westbalkon und Westterrasse auf der Wetterseite und bekommen mehr Feuchtigkeit und Wind ab sowie im Sommer die heiße Nachmittagssonne.

Lokale Gegebenheiten und Mikroklima

Diese allgemeinen Aussagen berücksichtigen nicht die Situation vor Ort. So kann auch eine Südterrasse durch Hecken, Bäume oder Häuser ständig beschattet (der

Standortbedingungen und Vorlieben

Sonnig	Schattig	Windig
Zittergras *(Briza)*	Schusterpalme *(Aspidistra)*	Leberbalsam *(Ageratum)*
Bartblume *(Caryopteris)*	Begonie *(Begonia)*	Berberitze *(Berberis)*
Mädchenauge *(Coreopsis)*	Rippenfarn *(Blechnum)*	Zwergmargerite *(Chrysanthemum)*
Krokus *(Crocus)*	Buchsbaum *(Buxus)*	Gazanie *(Gazania)*
Eukalyptus *(Eucalyptus)*	Spindelstrauch *(Euonymus)*	Efeu *(Hedera)*
Gazanie *(Gazania)*	Fuchsie *(Fuchsia)*	Fleißiges Lieschen *(Impatiens)*
Sonnenbraut *(Helenium)*	Funkie *(Hosta)*	Narzisse *(Narcissus)*
Tomate *(Lycopersicon)*	Fleißiges Lieschen *(Impatiens)*	Husarenknöpfchen *(Sanvitalia)*
Oleander *(Nerium)*	Flattergras *(Milium effusum)*	Spindelstrauch *(Euonymus)*
Ziertabak *(Nicotiana)*	Primel *(Primula)*	Verbene *(Verbena)*
Rose *(Rosa)*	Rhododendron *(Rhododendron)*	Wacholder *(Juniperus)*
Rosmarin *(Rosmarinus)*	Blaustern *(Scilla)*	
Tulpe *(Tulipa)*	Spinat *(Spinacia)*	
	Veilchen *(Viola)*	

Standort ist dann trotzdem wärmer als einer, der nach Norden liegt), ein Westbalkon an der Hinterhofseite ziemlich wettergeschützt sein. Balkone ab dem 5. Stockwerk oder Dachterrassen sind meist Wind und Regen ausgesetzt. Eine wichtige Rolle spielt selbstverständlich auch das Mikroklima. In milden Flussniederungen und Weinbaugebieten kommen Wärme liebende Pflanzen eher auf ihre Kosten, können mehr Pflanzen im Freien überwintern als in Höhenlagen der Gebirge.

Es gibt mittlerweile auch einige PC-Softwareprogramme, die Sie bei der Planung unterstützen.

Arbeitsaufwand

Manche Pflanzen brauchen nur geringe Pflege, nehmen vorübergehendes Austrocknen nicht übel, sind wenig anfällig für Krankheiten oder Schädlinge und überstehen den Winter im Freien. Andere Gewächse gedeihen nur, wenn ihre besonderen Pflegeansprüche erfüllt werden, kränkeln bei Vernachlässigung und müssen unter geeigneten Bedingungen überwintert werden. Es hat wenig Sinn, von üppiger Clematis, herrlichen Rosen, duftenden Orangenbäumen und prächtigen Rhododendren zu träumen, wenn man keine Zeit oder keine Lust für den Pflegeaufwand hat. Es gibt noch genügend erfreuliche Pflanzen, die mit weniger zufrieden sind. Viele Küchenkräuter und Sommerblumen, aber auch verschiedene andere Pflanzen sind pflegeleicht. Informieren Sie sich bei den Pflanzenportraits.

Überwinterung

Ehe Sie Pflanzen kaufen, sollten Sie – auch wenn es gerade Frühjahr und bis zum Winter noch lang ist – überlegen: Was geschieht bei Kälte mit Ihren Pflanzen?
Keine Gedanken brauchen Sie sich über die einjährigen Pflanzen zu machen oder über solche, die zwar eigentlich mehrjährig sind, aber bei uns nur einjährig gezogen

Einige pflegeleichte Pflanzen

Gartenkerbel *(Anthriscus cerefolium)*, Schusterpalme *(Aspidistra)*, Alpenaster *(Aster alpinus)*, Blaukissen *(Aubrieta)*, Aukube *(Aucuba)*, Berberitze *(Berberis)*, Borretsch *(Borago)*, Glockenblume *(Campanula)*, Spindelstrauch *(Euonymus)*, Fleißiges Lieschen *(Impatiens)*, Lobelie *(Lobelia)*, Pelargonie *(Pelargonium)*, Kirschlorbeer *(Prunus laurocerasus)*

werden, weil sie den Winter nicht gut überstehen oder im Jahr darauf nicht mehr gut aussehen.
Einjährige Pflanzen sind die meisten Sommerblumen (siehe Seite 57), manche Kletterpflanzen, manche Kübelpflanzen, viele Küchenkräuter, viele Gemüse.
Bei den ausdauernden Pflanzen, den Stauden und Gehölzen, gibt es welche, die im Haus unter bestimmten Bedingungen (Licht, Temperatur) überwintert werden müssen. Das sind die klassischen Kübelpflanzen und viele typische Balkonpflanzen.

Mit Pflanzen ist es ähnlich wie mit Haustieren: Wer sich ein Lebewesen anschafft, ist für sein Wohlergehen verantwortlich.

Wenn Sie keine Überwinterungsmöglichkeit haben oder Ihnen der Aufwand des Transports oder der Pflege im Winterquartier zu groß ist: Es gibt inzwischen viele Balkon- und Terrassenpflanzen, die im Freien überwintern können. Informieren Sie sich auf Seite 41 und im Kapitel »Pflanzenportraits«, Seite 65ff.

Rechte und Pflichten

Grundsätzlich können Sie als Mieter Balkon und Terrasse zu Ihrer freien Verfügung nutzen. Aber:

- In Hausordnung und Mietvertrag können Bestimmungen zu Balkon- und Terrassenbepflanzung stehen.
- Grundsätzlich darf durch eine Bepflanzung das Äußere des Hauses nicht verunstaltet werden.

- Die Tragfähigkeit der Terrasse, des Balkons oder des Balkongeländers muss berücksichtigt werden. Bedenken Sie, dass neben Gefäßen und Pflanzen auch Möbel und Menschen Gewicht haben.
- Der Balkonabfluss darf nicht verstopft werden, da es sonst zu Feuchtigkeitsschäden kommen kann.
- Die Gefäße müssen absolut sicher angebracht werden, so dass auch bei Sturm und Unwetter nichts passieren kann.
- Wenn Sie bauliche Veränderungen wie das Anbringen eines Spaliers planen, sprechen Sie mit dem Vermieter.
- Vermeiden Sie, dass Gießwasser an der Fassade oder zu anderen Mietern hinunterläuft.
- Sprühen Sie keine giftigen Pflanzenschutz- und Insektenvernichtungsmittel.
- Verzichten Sie besser auf giftige Pflanzen, wenn kleine Kinder zu Ihrem Haushalt gehören.

Auch der Ausdruck der Pflanze spielt eine Rolle: Exoten neben Klassikern wirken fremd und fehl am Platz. Beachten Sie immer auch den Charakter jeder Pflanze.

Persönliche Vorlieben

Nicht ohne Grund steht dieser Punkt an letzter Stelle der Vorüberlegungen, denn auch wenn Sie ein Faible für sonnenhungrige Mittelmeergewächse haben sollten – auf einem Nordbalkon wird die Freude nicht lange anhalten. Neben den schon genannten Einschränkungen sollten Sie auch (ein wenig) den Stil Ihres Balkons oder Ihrer Terrasse in Ihre Planungen einbeziehen. Ein Balkon an einem Landhaus oder Bauernhaus sollte anders bepflanzt werden als der an einem Jugendstil-Stadthaus, auf eine kleine Terrasse vor dem Reihenhaus passen meist nicht die gleichen Pflanzen wie auf die Terrasse einer Villa aus dem 19. Jahrhundert.

Auch wenn Ihre Bestandsaufnahme Einschränkungen erbracht hat – es gibt genügend Pflanzen, mit denen Sie Ihr Topfgärtchen geschmackvoll gestalten können.

Einfach pflanzen und pflegen

Die beste Zeit für die Anlage des Balkon- oder Terrassengartens ist das Frühjahr: Das Angebot in Baumschulen und Staudengärtnereien ist groß, die Pflanzen stehen am Beginn ihrer Wachstumsphase. Vielleicht wissen Sie nach Ihrer Bestandsaufnahme schon ziemlich genau, welche Pflanzen Sie haben wollen.

Jedem Heimwerker ist geläufig, was auch der Hobbygärtner sich zur Regel machen sollte: Gutes Werkzeug mag zwar teuer sein, spart jedoch auf Dauer viel Geld und vor allem Nerven.

Werkzeuge und Hilfsmittel

Schaffen Sie sich nur wenige, aber gute Werkzeuge an:

- Eine Pflanzschaufel oder Handschaufel, eine Handgrabegabel, um Erde zu lockern und Pflanzen einzusetzen, aus ihren Töpfen zu holen und zu teilen.
- Eine Gießkanne (5 bis 10 Liter) und eine Sprühflasche, um die Pflanzen mit Feuchtigkeit zu versorgen.
- Ein scharfes Messer und eine gute Gartenschere, mit denen das Pflanzengewebe nicht gequetscht wird, um Triebe abzuschneiden, Verblühtes zu entfernen, Pflanzen zu teilen, Stecklinge zu schneiden.
- Gartenhandschuhe, um Ihre Hände vor Schmutz, Verletzungen und eventuell Giftstoffen zu schützen.
- Einen Plastikeimer, um Erde zu mischen und als Abfallbehälter für Pflanzenschnitt.
- Folienhauben, Vliese und Noppenfolie zum Schutz vor ungünstigen Witterungseinflüssen und Schädlingen.
- Holz-, Bambus-, Metall- oder Plastikstäbe, Schnüre, Draht und Bast, um Pflanzen zu stützen.
- Ein Pflanzholz, um Löcher ins Substrat zu bohren.
- Holzkohlenpulver, um Schnittstellen zu desinfizieren.

Was so üppig wächst, braucht auch sehr viel Pflege.

Pflanzgefäße

Im Allgemeinen ist von einer Mindesthöhe von 20 bis 25 Zentimetern und einem Mindestdurchmesser von 20 bis 25 Zentimetern bzw. einer Kastenbreite von 20 Zentimetern auszugehen.

Das Angebot an Gefäßen in Gartencentern, Baumärkten, Dekorationsgeschäften, Haushaltswarenläden und im Versandhandel ist groß, nicht alles ist jedoch für Balkon- und Terrassenpflanzen geeignet. Vorab der wichtigste Grundsatz: Alle Pflanzgefäße müssen im Boden Abzugslöcher haben. Wenn das überflüssige Gießwasser nicht abfließen kann, kommt es im Topf zu Staunässe und Fäulnis. Die Pflanzen brauchen ausreichend Platz für ihre Wurzeln. Daher sollten die Gefäße nicht zu klein sein, zumal sonst die Erde zu schnell austrocknet. Die Gefäße müssen vor dem Bepflanzen gereinigt werden. Bearbeiten Sie bereits benutzte Gefäße mit heißem Essigwasser und einer Bürste (danach gründlich mit klarem Wasser nachspülen). Neue Terrakottagefäße legt man für ein bis zwei Tage in Wasser. So werden Schadstoffe – falls vorhanden – abgespült, und die Töpfe saugen sich mit Wasser voll. Dies verhindert, dass sie nach der Bepflanzung dem Substrat zu viel Feuchtigkeit entziehen. Günstig ist wasser- und luftdurchlässiges Material, insbesondere Terrakotta, Holz und Faserzement. Wegen ihrer Undurchlässigkeit weniger geeignet sind Metall, Beton, Stein und Plastik. Plastikgefäße haben den Vorteil, dass sie wenig wiegen, nicht teuer sind und dem Frost standhalten. Meist sind sie jedoch ästhetisch nicht ansprechend, zumal wenn sie Terrakotta- oder Holzgefäße nachahmen.

Gefäße aus Terrakotta

Die Gefäße aus gebranntem Ton haben einen ansprechenden rötlichen Farbton. Es gibt sie auch mit Außenglasur. Sie können sehr dekorativ aussehen, sind aber wenig wasser- und luftdurchlässig.

Blumentopf

Diesen klassischen Behälter aus Ton gibt es in unterschiedlichsten Größen. Er kostet nicht viel, sieht gut aus, ist stabil, nicht zu schwer, allerdings nicht winterfest.

Terrakottagefäße gibt es in verschiedensten Größen und Formen – von flachen Schalen für manche Kräuter und niedrige Blumen bis zu Trögen, mit oder ohne Verzierungen.

Kästen

Kästen aus Terrakotta können, entsprechend bepflanzt, für südliche Stimmung sorgen, sie sind jedoch ziemlich teuer und schwer.

Taschenamphore

Eine Besonderheit ist die Taschenamphore, auch Erdbeertopf genannt. Das amphorenartige große Gefäß hat außer der oberen Öffnung mehrere taschenartige Pflanzöffnungen an den Seiten. Der Erdbeertopf wird mit Erde gefüllt, dann setzt man niederwüchsige Pflanzen in die Öffnungen, etwa Erdbeeren, Küchenkräuter, Efeu, Sukkulenten, Fleißiges Lieschen, verschiedene Sommerblumen. Die Taschenamphore ist ein interessanter Blickfang und insbesondere auch für Einsteiger unter den Hobbygärtnern geeignet. Nachteilig sind das große Gewicht und der geringe Platz für Erde, die daher schnell austrocknet.

Gefäße aus Holz

Gefäße aus Holz werden eher selten angeboten. Sie sind meist schön, aber teuer und nur begrenzt haltbar.

Kübel

Kübel haben einen runden oder eckigen Querschnitt und sind insbesondere für höher wachsende Pflanzen (Kübelpflanzen) oder Bäumchen geeignet. Die so genannten hölzernen Versailleskübel waren schon im

15. Jahrhundert gebräuchlich. Nach wie vor beliebt sind auch alte, in der Mitte durchgesägte Holzfässer als Pflanzgefäße.

Sie können auch ausgediente Kochtöpfe, Dosen, Übertöpfe oder Obstkisten nehmen – Ihrer Phantasie sind kaum Grenzen gesetzt. Denken Sie jedoch an die Abzugslöcher im Gefäßboden!

Kästen

Besonders für Außenfensterbänke und Balkon eignen sich Kästen. Einen solchen Kasten aus Fichten-, Kiefern- oder Lärchenholz kann jemand mit etwas handwerklichem Geschick leicht selbst bauen. Damit er handlich bleibt, sollte der Kasten nicht länger als ein Meter sein.

Gefäße mit doppeltem Boden

Im Fachhandel erhalten Sie auch doppelbödige Pflanzgefäße. Zwischen beiden Böden befindet sich ein Wasserspeicher. Die Wasserversorgung erfolgt über ein Speichervlies, über Saugdochte oder Ansaugkegel. Ein Wasserstandsanzeiger gibt Auskunft, wann nachgefüllt werden muss. Diese Gefäße sind praktisch, wenn man öfter für ein paar Tage verreist, oder wenn man vergesslich ist.

Übertöpfe

Denken Sie daran, sich mit dem Gefäß gleich den passenden Untersetzer für überschüssiges Gießwasser zu besorgen.

Hier gilt erst recht – erlaubt ist, was gefällt. Beachten Sie jedoch, dass zwischen Pflanzgefäß und Übertopf genügend Platz sein muss (etwa ein Zentimeter), und dass überschüssiges Wasser nicht im Übertopf stehen bleiben, sondern ausgegossen werden soll.

Platz sparen – in die Höhe pflanzen

Gefäße stehen am Boden wohl am sichersten, beanspruchen dort aber auch am meisten Platz. Neben der erwähnten Taschenamphore sind auch Eckgefäße mit rechtwinkliger Rückseite Raum sparend. Mehrere Gefäße lassen sich auf Trittleitern, Blumenbänken und -treppen sowie in Regalen, die an der Wand befestigt sind, unterbringen. Noch mehr Platz können Sie sparen, wenn Sie Ihre Gefäße aufhängen. In diesem Fall müssen Sie besonders auf Sicherheit achten, so dass auch stürmisches Wetter Ihre Kästen, Töpfe und Ampeln nicht zur Gefahr werden lässt.

Ampeln aufhängen

Hängen Sie die Ampeln hoch genug, damit sich niemand den Kopf an ihnen stößt und die Pflanzen genügend Raum zum Herunterwachsen haben. Die Ampel muss aber trotzdem für dic notwendige Pflege leicht erreichbar sein.
Hängen Sie Ampeln an geschützten Stellen auf, damit sie bei Wind nicht herunterfallen oder Wände oder Fenster beschädigen.
Sorgen Sie dafür, dass überschüssiges Gießwasser nicht auslaufen kann.

Nehmen Sie für die Aufhängung statt Naturseile lieber haltbare Metallketten, Drähte oder Kunststoffseile. Verwenden Sie stabile Deckenhaken.

Balkongeländer und Wandspaliere

In Blumentopfhaltern sicher befestigte Einzeltöpfe können Sie innen am Balkongeländer sowie an Wandspalieren aus Draht oder Holz aufhängen. Die Spaliere müssen sicher mit Dübeln in der Wand verankert sein.

Balkonkästen befestigen

Prüfen Sie zunächst, ob das Balkongeländer überhaupt stabil genug ist, um Balkonkästen zu tragen. Äußerste Sorgfalt ist nötig, wenn Sie Kästen an der Balkonaußenseite anbringen. Informieren Sie sich im Fachhandel, mit welchem Befestigungssystem Sie Ihre Kästen so aufhängen können, dass niemand gefährdet wird.

Kletterhilfen und Stützen

Die meisten Kletterpflanzen brauchen eine Kletterhilfe. Diese richtet sich nach den Halteorganen und damit der Kletterform der Pflanze.

- **Selbstklimmer** klettern mit Haftwurzeln wie der Efeu *(Hedera)* oder mit Saugscheiben wie die selbst klimmende Art von Wildem Wein *(Parthenocissus tricuspidata)*. Eine Kletterhilfe benötigen diese Pflanzen nicht, doch kann man ihnen durch anfängliche Anbindung an waagrecht gespannten Drähten das Anheften erleichtern.
- **Schlingpflanzen** sind beispielsweise Kiwi *(Actinidia chinensis)*, Geißblatt *(Lonicera)*, Glyzine *(Wisteria)*, Schlingknöterich *(Polygonum aubertii)*, Hopfen *(Humulus)*, Trichterwinde *(Ipomoea)*, Feuerbohne *(Phaseolus coccineus)*, Schwarzäugige Susanne *(Thunbergia alata)*. Sie umwinden mit ihren Trieben geeignete Stützen. Dazu bietet man ihnen dünne, senkrecht geführte Kletterhilfen wie Drähte, Schnüre, dünne Latten, Stäbe.
- Zu den **Rankpflanzen** gehören etwa Klematis *(Clematis)*, Duftwicke *(Lathyrus odoratus)*, Kapuzinerkresse *(Tropaeolum)*, Glockenrebe *(Cobaea scandens)*, Weinrebe *(Vitis vinifera)*. Sie bilden Ranken als Kletterorgane aus. Für diese Gruppe sind gitterartige Kletterhilfen (Spaliere) geeignet.
- **Spreizklimmer** – etwa Kletterrosen *(Rosa)*, Winterjasmin *(Jasminum nudiflorum)*, Brombeeren *(Rubus fruticosus)* – klettern mit Hilfe von Stacheln oder Seitentrieben, mit denen sie sich einspreizen. Sie werden an waagerecht angeordneten Kletterhilfen oder an Spalieren angebunden.

Um immer genügend Kletterhilfen und Stützen vorrätig zu haben, sollten Sie Stäbe und Gitter, die Ihnen in die Hände fallen, aufbewahren.

Verschiedene Pflanzen – etwa Tomaten, viele Kübelpflanzen, insbesondere Hochstämmchen – benötigen einen Stab als Stütze. Manche kleine Kletterpflanzen brauchen ein Topfgitter. Staudenhalter verhindern, dass höhere Stauden umknicken und umfallen.

Pflanzsubstrate

Pflanzsubstrate erfüllen mehrere Funktionen: Sie geben den Pflanzenwurzeln Halt, liefern Nährstoffe, leiten und speichern Wasser. Der Begriff »Substrat« umfasst neben Erden auch Erdersatzstoffe oder Zusatzstoffe wie Torf, Blähton, Styropor, Tongranulat, Kork, Kokosfasern, Holzfasern.

Entsprechend vielfältig ist auch das Angebot an Erden oder Substraten. So finden Sie etwa »Pflanzerde«, »Blumenerde«, »Balkonblumenerde«, »Topfpflanzenerde«, »Blumenkastenerde«, »Kübelpflanzenerde«. Die Namen sagen nur wenig über die Inhaltsstoffe aus. Blumenerden und Balkonblumenerden sind nährstoffreich und so zusammengesetzt, dass die Blütenbildung gefördert wird. Für bestimmte Pflanzengruppen mit spezifischen Bedürfnissen werden Spezialerden angeboten, etwa für Kakteen und Sukkulenten, Koniferen, Rhododendron und andere Säure liebende Pflanzen.

Es lohnt im Allgemeinen nicht, zu Billigangeboten zu greifen. Vermeiden Sie torfhaltige Substrate. Noch vor einigen Jahren waren im Handel kaum Erden ohne Torf erhältlich, und auch in der Gartenliteratur wurde der

Auch bei der Erde gibt es große Qualitätsunterschiede. Kaufen Sie lieber beim Fachhändler und nicht im Supermarkt.

Was spricht gegen Torf in Substraten?

Torf ist in der Hobbygärtnerei entbehrlich. Er lockert zwar die Erde und kann viel Wasser speichern, macht aber den Boden sauer und neigt zum Verdichten. Einmal ausgetrocknet, lässt er sich nur schwer wieder benetzen. Torf wird in Hochmooren abgebaut, den letzten Refugien hoch angepasster Tier- und Pflanzenarten, die mit dem Schwinden der Moore vom Aussterben bedroht sind.

Eindruck erweckt, als ginge ohne Torf beim Gärtnern überhaupt nichts. Inzwischen gibt es gute Substrate mit Torfersatzstoffen wie Rindenhumus, Kokosfasern, Holzfasern, Schaumstoffschnipseln, die ebenfalls das Substrat lockern und durchlässig machen. Wenn Sie einen Garten haben, können Sie Ihre Pflanzerden auch selbst mischen.

▸ Standardrezept: ein Teil reifer gesiebter Kompost, ein Teil Gartenerde, ein Teil Sand. Für nährstoffbedürftige Pflanzen mischen Sie Hornspäne oder Hornmehl und etwas Knochenmehl darunter. Für Kalk liebende Pflanzen wird Algenkalk dazugegeben. Wenn Sie die Mischung sterilisieren (in Bratfolie verpackt im Backofen 30 Minuten bei 200 °C), werden Unkrautsamen und Krankheitserreger abgetötet, allerdings auch das Bodenleben beeinträchtigt.

Wer einen Kompost hat, produziert meist mehr Humus, als er benötigt. Darum freuen sich viele Kleingärtner, wenn man ihnen Komposterde abnimmt.

Richtig pflanzen

Freilandgehölze und -stauden können schon vor den Eisheiligen, also vor Mitte Mai ins Freie gestellt oder gepflanzt werden, frostempfindliche Pflanzen – viele Balkonblumen, Sommerblumen, Kübelpflanzen, Gemüsepflanzen – erst danach.

Für Pflanzen, die aus dem Schutz von Gewächshäusern kommen, kann ein Akklimatisieren und Abhärten vor der Pflanzung hilfreich sein: Stellen Sie die künftigen Balkon- oder Terrassenbewohner zunächst einige Tage draußen an einem wind- und regengeschützen Platz ohne pralle Sonne auf. Manche der erworbenen Pflanzen haben ein zu kleines oder gar kein Gefäß und müssen zu Hause möglichst bald ein- oder umgetopft werden. Ein feuchter Wurzelballen erleichtert das Umpflanzen beträchtlich: Gießen Sie also gründlich.

Die beste Pflanzzeit ist der frühe Morgen oder gegen Abend, bei trübem Wetter oder Regenwetter, nicht an heißen Tagen oder in der prallen Mittagssonne.
Es empfiehlt sich, neu bepflanzte Gefäße zunächst einen Tag schattig aufzustellen. Füllen Sie Erde zwischen die Pflanzen rund um die Wurzelballen. Drücken Sie rund um die Wurzelballen die Erde sanft fest. Lassen Sie einen Gießrand von etwa einem Zentimeter. Gießen Sie vorsichtig und gründlich an.

Falls die Pflanze eine Stütze braucht, sollten Sie diese gleich mit eintopfen, da andernfalls später die Wurzeln beschädigt werden könnten.

Kübelpflanzen

- Geben Sie auf den Boden des gereinigten Gefäßes eine 10 bis 15 Zentimeter hohe Schicht aus Kies, Tonscherben oder Tongranulat als Dränage. Diese verhindert, dass es im Gefäß zu Staunässe und dadurch zu Sauerstoffmangel und Fäulnis kommt.
- Legen Sie über diese Schicht ein Vlies. So wird verhindert, dass Erde in die Dränageschicht eingeschwemmt und diese dadurch undurchlässiger wird.
- Auf das Vlies bringen Sie eine Erdschicht auf. Deren Dicke richtet sich nach der Wurzelballengröße der einzusetzenden Pflanze. Die Oberfläche des Wurzelballens sollte einige Zentimeter unter dem Gefäßrand liegen.
- Stellen Sie die Pflanze auf diese Schicht, und füllen Sie ringsum Erde ein. Drücken Sie die Erde sanft fest. Es sollte zwischen Erde und Gefäßrand ein Gießrand von etwa drei Zentimetern frei bleiben.

Pflanzen in Schalen und Kästen

Bei höheren Kästen empfiehlt sich ebenfalls eine Dränageschicht (etwa zwei bis fünf Zentimeter). Sonst decken Sie nur die Abzugslöcher mit Tonscherben ab.
Bringen Sie eine Erdschicht auf. Deren Dicke richtet sich nach der Wurzelballengröße: Die Oberfläche der

Wurzelballen sollte knapp unterhalb des Gefäßrands liegen. Ordnen Sie Ihre Pflanzen auf der Erdschicht an: Große Pflanzen gehören nach hinten oder in die Mitte, kleine oder solche mit überhängenden Trieben an den Rand. Pflanzen Sie auf keinen Fall zu eng – beispielsweise sollten zwischen Petunien jeweils 20 Zentimeter Abstand sein. Auch bei den meisten anderen Balkonblumen sind 20 bis 25 Zentimeter Abstand richtig. Bedenken Sie, dass die Pflanzen und ihre Wurzelballen meist noch wachsen.

Die Anschaffung einer guten Gießkanne lohnt sich immer. Zusammen mit einem ordentlichen Brauseaufsatz ist die Kanne ein sehr oft benutztes, extrem wichtiges Werkzeug.

Lebenselixier Wasser

Nur mit Wasser ist Leben möglich – auch und gerade bei den grünen Pflanzen. Unsere Balkon- und Terrassenpflanzen in ihren Gefäßen leiden viel schneller unter Wassermangel als im Garten ausgepflanzte Gewächse. Das bedeutet aber nicht, dass sie gar nicht genug gewässert werden können. Im Gegenteil – meist ist es besser, weniger zu gießen als zu viel.

Wie viel gießen?

Ausschlaggebend für die Beantwortung dieser Frage sind insbesondere vier Faktoren:

▶ **Standort:** An sonnigen oder windigen Standorten müssen Sie mehr gießen als an schattigen oder windgeschützten.

▶ **Witterung:** In kühlen, regenreichen Sommern müssen Sie weniger gießen als in heißen, trockenen.

▶ **Jahreszeit:** Gießen Sie mehr von Beginn der Hauptwachstumszeit (Frühjahr und Frühsommer) bis zum Spätsommer. Reduzieren Sie ab dann die Wassermenge langsam, gießen Sie während der Winterruhe nur wenig, und steigern Sie allmählich wieder ab dem Spätwinter.

▸ **Individuelle Ansprüche der Pflanzen:** Manche Pflanzen brauchen viel Wasser, andere kommen mit wenig aus oder gedeihen sogar nur bei sparsamer Wässerung. Diese Ansprüche ergeben sich aus dem Heimatstandort der Pflanzen. Ihre Pfleglinge zeigen ihren Bedarf meist schon anhand ihrer Blätter: Sind sie groß und eher zart, will die Pflanze mit viel Wasser versorgt werden, sind sie klein, ledrig oder auch fleischig, kommt die Pflanze meist mit weniger Feuchtigkeit aus. Welke oder vertrocknete Blätter zeigen an, dass Sie zu wenig oder zu viel gießen.
Die wenigsten Pflanzen ertragen Staunässe, einige – z. B. viele Küchenkräuter – sind ausgesprochen empfindlich dagegen.

Regeln für das Gießen: Lieber einmal durchdringend als häufiger tropfenweise gießen. Blätter möglichst nicht benetzen. Überschüssiges Wasser darf nur an heißen Tagen im Untersetzer oder Übertopf stehen bleiben; sonst entfernen Sie es eine halbe Stunde nach dem Gießen.

Was gießen?

Gießen Sie möglichst nicht mit frisch aus der Leitung entnommenem Wasser, sondern lassen Sie das Wasser abstehen. Zu kaltes Wasser schockt die Pflanzen.
Manche Pflanzen brauchen kalkarmes Wasser. Nehmen Sie Regenwasser, oder kochen Sie das Wasser fünf Minuten. Bei sehr hartem Wasser – Auskunft über die Härte gibt die Gemeindeverwaltung – kann eine Wasserenthärtung über Filter oder mit Chemikalien nötig sein. Besonders kalkempfindlich sind etwa Begonien, Zitrusarten, Hortensien, Myrte, Rhododendron.

Wann gießen?

Gießen Sie morgens oder abends, nie mittags oder gar in praller Sonne, da dann die Wassertropfen wie ein Brennglas wirken und die Blätter verbrennen können.
Im Frühjahr und Herbst (bei kalten Nächten und bei Frostgefahr) ist es besser, morgens zu gießen, im Sommer abends, da dann weniger Wasser verdunstet.

Automatische Bewässerung

Auch wenn Sie keine bereitwillig gießenden Freunde oder Nachbarn haben, sollen Ihre Pflanzen nicht verdursten, wenn Sie einmal nicht da sind. Wenige Tage können Pflanzen überstehen, wenn man ihnen vorsichtig durchsichtige Plastikhauben überstülpt, die die Verdunstung einschränken. Bei längerer Abwesenheit gibt es unterschiedliche Möglichkeiten einer automatischen Bewässerung:

- **Gefäße mit doppeltem Boden:** siehe Seite 22.
- **Tonkegel:** Die im Fachhandel erhältlichen Tonkegel werden mit Wasser gefüllt und ins Substrat gesteckt. Über Schläuche sind die Tonkegel mit einem Wasserbehälter verbunden, aus dem Wasser nachfließt.
- **Saugdochte:** Vom höher gestellten Wasserbehälter führt ein eingetauchter Saugdocht zum tiefer stehenden Gefäß. Der Saugdocht darf nicht durchhängen, da dann der Wassertransport nicht funktioniert.
- **Vollautomatische Bewässerung:** Bei diesem System führt eine Leitung vom Wasserhahn oder einem großen Vorratsgefäß zu Tonkegeln, die in den Kübeln oder Kästen stecken. Wenn die Erde trocken ist, löst die von den Kegeln ausgehende Saugspannung den Bewässerungsvorgang aus. Ist die Erde genügend durchfeuchtet, beenden die Kegel automatisch die Wasserabgabe.

Eine Grundregel lautet: Lieber zu wenig als zu viel düngen. Eine Überdosierung kann bewirken: Schäden an den Pflanzen, exzessive Entwicklung von Blättern zu Lasten von Blüten und Früchten, übermäßigen Wuchs, Schwäche, Krankheits- und Schädlingsanfälligkeit, Anreicherung bestimmter Stoffe, Verlust anderer Stoffe, Aroma- und Geschmacksminderung bei Nahrungspflanzen.

Düngen

Ebenso wie ohne Wasser können Pflanzen auch nicht ohne Nährstoffe leben. In größeren Mengen benötigt werden Kohlenstoff, Wasserstoff, Sauerstoff, Stickstoff, Schwefel, Phosphor, Kalzium, Magnesium, Kalium und Eisen. Unabdingbar sind auch die Spurenelemente,

etwa Kupfer, Mangan, Zink, Molybdän, Bor, von denen nur Spuren gebraucht werden.
Ebenso wie die Wasser- sind auch die Nährstoffvorräte im Topf schneller aufgezehrt als im Freiland. Man muss also düngen. Auch beim Düngen sind Wissen, Erfahrung und Fingerspitzengefühl gefragt.

Ein wertvoller organischer Dünger ist reifer (mehrere Jahre gelagerter) Kompost. Auch wenn Sie keinen Garten haben – es gibt Kompostbereiter für Balkon und Terrasse, die wenig Platz beanspruchen. Vor der Verwendung ist Kompost stets zu sieben!

Womit düngen?

Grundsätzlich ist zwischen Mineraldünger (Kunstdünger) und organischem Dünger zu unterscheiden. Daneben gibt es auch Mischungen, so genannten organisch-mineralischen Dünger.
Mineraldünger bestehen aus Mineralsalzen, die von den Pflanzen sofort und direkt aufgenommen werden können. Sie wirken also im Allgemeinen schnell. Es besteht die Gefahr der Überdosierung mit allen angeführten Nachteilen. Auf die Dauer können Düngesalze das Bodenleben stören und die Erde versalzen.
Organische Dünger bestehen aus pflanzlichen oder tierischen Stoffen, etwa Algen, Blutmehl, Knochenmehl, Hornmehl, Hornspänen, abgelagertem Mist, Brennnesselbrühe und -jauche. Der Fachhandel bietet auch Mischungen aus verschiedenen organischen Düngern an. Die enthaltenen Nährstoffe stehen in jedem Fall den Pflanzen nicht unmittelbar zur Verfügung, sondern müssen erst von den in der Erde lebenden Mikroorganismen abgebaut werden. Die Gefahr einer Überdosierung ist deshalb weniger gegeben, wir können weniger falsch machen. Allerdings setzt die Wirkung erst nach einiger Zeit ein. Dies gilt insbesondere für Pflanzen in Gefäßen, da in ihnen das Bodenleben weniger ausgeprägt ist als im Freiland. Im Handel gibt es Dünger, die deshalb mit Mikroorganismen angereichert sind. Auf diese Weise wird der Stoffkreislauf gefördert.

▸ **Düngerformen:** Sowohl mineralische als auch organische Dünger gibt es in fester (auch pulverisierter) und in flüssiger Form. Festdünger werden unter die Erde gemischt oder aufs Substrat gestreut, Flüssigdünger mit dem Gießwasser zugeführt. Langzeitdünger versorgen die Pflanzen über viele Wochen oder Monate. Organische Dünger in fester Form sind meist Langzeitdünger, organische Flüssigdünger wirken rascher.

Bevorzugen Sie organischen Dünger, insbesondere für Kräuter, Gemüse und Obst. Mit Hornspänen, Kompost, Brennnesselbrühe oder -jauche werden auch gute Erfahrungen bei Topfpflanzen gemacht.

▸ **Spezialdünger:** Für bestimmte Pflanzengruppen mit speziellen Ansprüchen werden im Handel Spezialdünger angeboten, etwa Balkonpflanzen-, Kakteen-, Orchideen-, Azaleen- oder Rhododendron-, Sommerblumen-, Rosen-, Koniferen- oder Geraniendünger.

Wie viel düngen?

Es gibt unter den Pflanzen:

▸ **Schwachzehrer** (beispielsweise Rosmarin, Salbei, Thymian). Sie wollen nur zurückhaltend gedüngt werden.

▸ **Mittelzehrer** (beispielsweise Lobelie, Kapuzinerkresse, Petersilie). Sie haben einen mittleren Düngerbedarf.

▸ **Starkzehrer** (beispielsweise Fuchsie, Pelargonien, Tomaten). Sie müssen kräftig gedüngt werden, wenn sie sich gut entwickeln sollen.

Pflanzerden sind im Allgemeinen vorgedüngt, so dass erst nach sechs bis acht Wochen mit dem Düngen begonnen werden muss. Wenn Sie im Frühjahr Langzeitdünger in die Erde Ihrer überwinterten Topfpflanzen einarbeiten, erübrigt sich bei manchen das Flüssigdüngen im Lauf des Sommers, oder eine Düngung ist erst nach zehn bis zwölf Wochen erforderlich.

Beginnen Sie nach der Winterruhe im frühen Frühjahr langsam mit dem Düngen, geben Sie großzügiger während der Hauptwachstumszeit – meist von April bis

August –, reduzieren Sie langsam im Spätsommer und Herbst, und düngen Sie während der Ruhephase der Pflanze überhaupt nicht.

Wie düngen?

- Nur Pflanzen mit feuchten Wurzeln düngen
- Bei Verwendung von Flüssigdünger: lieber häufiger schwach als selten stark düngen
- Dosierungshinweise auf den Düngemitteln beachten
- Keinen Dünger auf die Blätter bringen
- Kranke Pflanzen nicht düngen

Wenn vor der Überwinterung zu viel gedüngt wird, treibt die Pflanze möglicherweise zu stark und übersteht den Winter gar nicht oder sehr geschwächt.

Pflanzenschutz

Was steckt wohl dahinter, wenn Ihre Pflanzen trotz ausreichender Nährstoffversorgung dürftig aussehen, wenn sie trotz sorgfältiger Wässerung welk sind, wenn sich Verfärbungen zeigen? Es könnte sein, dass Sie andere Fehler bei der Pflege machen, dass Schädlinge am Werk sind oder die Pflanze unter einer von Bakterien, Pilzen oder Viren ausgelösten Krankheit leidet.

Vorbeugen kann viel verhindern

Neben der Wahl des passenden Standorts und des richtigen Gefäßes, der Versorgung mit zusagendem Substrat, den passenden Wasser- und Düngermengen, der richtigen Überwinterung kann noch anders vorgebeugt werden:

- Achten Sie auf Hygiene. Es sollten nur gereinigte Gefäße verwendet werden, ebenso nur gereinigte und möglichst desinfizierte Schneidegeräte. Bestäuben Sie Schnittstellen mit Holzkohlenpulver. Wenn Sie regelmäßig Verdorrtes und Verfaultes entfernen, wird Keimen weniger Angriffsfläche geboten.

- Kontrollieren Sie Ihre Pflanzen regelmäßig auf Schädlinge. Klebrige Blätter weisen auf Ausscheidungen von Blatt- und Schildläusen oder anderen Schmarotzern hin.
- Geben Sie Ihren Pflanzen Raum. Setzen Sie sie nicht zu dicht nebeneinander in ein Gefäß. Stellen Sie Kübel mit ausladenden Pflanzen nicht zu dicht aneinander.
- Stärken Sie Ihre Pflanzen, indem Sie hie und da mit Brühen aus Schachtelhalm, Brennnessel oder Beinwell (Comfrey) gießen. Im Handel finden Sie auch entsprechende Mischungen. Gesteinsmehl oder Algenkalk, die auf die Erde gestäubt und eingearbeitet oder in Wasser aufgelöst und gegossen werden, machen ebenfalls widerstandsfähiger.
- Kaufen Sie von Anfang an lieber gesunde und etwas teurere Pflanzen als »gedopte« Blumen an der Straßenecke. Züchtungen aus Deutschland sind resistenter als eingeflogene Pflanzen.

Lockern Sie regelmäßig das Erdreich auf, das verhindert die Ansiedelung von Moosen und sorgt dafür, dass die Wurzeln ausreichend Sauerstoff bekommen.

Unkraut

Nicht nur im Garten, sondern auch in Balkonkästen, in Töpfen und Kübeln findet sich so genanntes Unkraut ein: Pflanzen unserer natürlichen Flora. Die Samen bringt vor allem der Wind (manchmal auch Vögel), und wenn die Bedingungen passen, wachsen sie zu Pflanzen aus. Nimmt das Unkraut überhand, kann es den von uns gehegten Pflanzen Platz, Nährstoffe, Wasser, Licht und Luft wegnehmen.

Abhilfe bringt das Jäten. Wenn Sie die Gefäße mulchen, etwa mit Rindenmulch, beugen Sie der Unkrautbildung vor, bereichern das Substrat mit Nährstoffen und schützen es vor dem Austrocknen.

Bedenken Sie: Manche Vertreter solch einer Spontanvegetation stellen durchaus eine Bereicherung dar.

Pflegefehler vermeiden

Symptome	Mögliche Ursachen
Gelbe Blätter, Vertrocknen und Abfallen der Blütenknospen	Zu warmer oder zu kalter Standort; zu trockenes oder zu nasses Substrat
Hellerwerden der Blätter, Bildung langer und schwacher Triebe	Zu wenig Licht
Ausbleichen der Blätter, dabei Grünbleiben der Blattadern (Chlorose)	Mangel an Eisen oder Magnesium. Abhilfe: Gießen mit Algenextrakt
Bräunliche, rötliche oder silbrige Flecken auf den Blättern	Sonnenbrand. Abhilfe: anderer Standort; Pflanzen im Frühjahr allmählich an Sonne gewöhnen
Blühfaulheit	Überdüngung; fehlende Ruhezeit

Auch guter Zuspruch hilft Pflanzen, wenn Sie krank sind. Ernst zu nehmende Forschungen zeigen: Menschen können mit Pflanzen kommunizieren.

Bakterien und Viren

Die meisten Pflanzenkrankheiten beruhen auf Schädlings- oder Pilzbefall. Einige Krankheiten werden durch Bakterien verursacht. Beispiele sind der Oleanderkrebs (kleine Flecken auf den Blättern, dunkelbraune, warzenartige Wucherungen) und die Pelargonienwelke (Flecken auf den Blättern, Welken und Verdorren). Für diese und für andere bakterielle Infektionen sowie gegen Viruserkrankungen unserer Balkon- und Terrassenpflanzen ist kein Heilmittel bekannt. Die Pflanzen sollten entfernt und vernichtet werden: Nicht auf den Kompost werfen, sondern verbrennen oder in der Biotonne entsorgen.

Krankheiten und Schädlinge biologisch bekämpfen

Es graust einen, wenn man in manchen etwas älteren Garten- und Topfpflanzenbüchern von all den chemischen Keulen liest, die dem Pflanzenfreund gegen Krankheiten und Schädlinge empfohlen werden. Im Garten und erst recht auf Balkon und Terrasse sollte heute niemand mehr mit Gift arbeiten. Es gibt nämlich andere Methoden, die oftmals zwar weniger radikal wirken (was ja meist auch gar nicht nötig ist), dafür aber andere Lebewesen einschließlich der natürlichen Feinde verschiedener Schädlinge nicht gefährden.

Kombination schützt

Pflanzen mit hohem Gehalt an ätherischen Ölen können – als Bei- oder Unterpflanzung oder auch nur neben gefährdete Pflanzen gestellt – Schädlinge und Krankheitserreger in Schach halten oder einen Befall erst gar nicht zulassen.

Nützlinge dulden

Auf Balkon und Terrasse tummeln sich verschiedene Tiere, die ein Überhandnehmen von Schädlingen auf unseren Pflanzen verhindern können, etwa Marienkäfer, Schlupfwespen, Florfliegen, Schwebfliegen, Ohrwürmer, Spinnen. Freuen Sie sich, wenn Sie diese

Einige hilfreiche Pflanzen

Pflanze	Wirkt gegen
Knoblauch, Schnittlauch *(Allium)*	Mehltau, Schimmelpilze
Kerbel *(Anthriscus)*	Mehltau, Blattläuse, Ameisen
Lavendel *(Lavandula)*	Blattläuse (günstig neben Rosen)
Tomate *(Lycopersicon)*	Ameisen
Pfefferminze *(Mentha)*	Erdflöhe
Bohnenkraut *(Satureja)*	Blattläuse (günstig neben Bohnen)
Studentenblume *(Tagetes)*	Wurzelälchen (Nematoden)
Thymian *(Thymus)*	Pilzkrankheiten

Tiere sehen, und gönnen Sie in Ihrer Wohnung überwinternden Marienkäfern oder Florfliegen einen Unterschlupf! Gute Erfahrungen gibt es inzwischen mit von Spezialfirmen versandten Nützlingen, die in Zimmern, Gewächshäusern und Wintergärten eingesetzt werden.

Biologische Mittel selbst herstellen

Ohne großen Aufwand lassen sich verschiedene Mittel auf biologischer Basis selbst herstellen.

- **Brennnesseljauche:** 500 Gramm frische (oder 150 Gramm getrocknete) Brennnesseln mit 5 Liter Wasser ansetzen und vergären lassen. (Unangenehme Gerüche können durch Zugabe von Steinmehl abgemildert werden.) Zum Spritzen 1:10 oder 1:20 verdünnen. Gegen Blattläuse und Spinnmilben, außerdem als Dünger.
- **Brennnesselbrühe:** wie oben, aber nicht vergären, sondern 12 bis 24 Stunden ziehen lassen. Unverdünnt sprühen oder gießen. Gegen Blattläuse und Spinnmilben.
- **Schachtelhalmbrühe:** 500 Gramm oder 100 Gramm getrocknetes Ackerschachtelhalmkraut in 5 Liter Wasser einige Stunden einweichen, dann etwa 30 Minuten kochen. Zum Gießen oder Sprühen 1:5 verdünnen. Gegen Mehltau und andere Pilzkrankheiten, gegen Spinnmilben.
- **Schmierseifenlösung:** 7,5 Gramm reine Schmierseife in 1 Liter Wasser auflösen. Pflanzenteile damit besprühen oder abwaschen. Gegen Blattläuse.
- **Knoblauchtee:** 7 Gramm Knoblauch zerquetschen und mit 1 Liter kochendem Wasser übergießen. Einige Stunden stehen lassen, dann abseihen. Gießen oder spritzen. Stärkt die Abwehrkräfte gegen Pilzkrankheiten etwa bei Erdbeeren.

Biologische Fertigpräparate einsetzen

Im Fachhandel sind verschiedene Mittel auf biologischer Basis erhältlich. Lassen Sie sich über die in Ihrem Fall geeigneten beraten, und lesen Sie sorgfältig die Gebrauchsanleitungen mit den Warnhinweisen.

Wichtig: Biologisch heißt nicht immer unschädlich. Präparate auf Pyrethrumbasis galten lange Zeit als ungefährlich für Warmblütler, also auch für den Menschen. Heute weiß man, dass diese Insektizide Nervensystem, Gehirn und Immunsystem schädigen können.

Darum gilt auch hier: mit kleinen Dosen anfangen, Erfahrungen sammeln und mit Experten austauschen.

Riesen-Zinnien
6092
Stiefmütterchen
5883

Hobbygärtnerei

Sie können ohne störende Gedanken ans Überwintern üppiges Grün und Blütenpracht auf Ihrem Balkon oder Ihrer Terrasse genießen, wenn Sie nur einjährige und/ oder ausgesprochen winterharte, ausdauernde Arten auswählen. Auch das Beschneiden entfällt bei sehr vielen Pflanzen, abgesehen von regelmäßigem oder gelegentlichem Ausputzen. Schließlich muss auch niemand unbedingt selbst Pflanzen vermehren, da heute die Auswahl an »fertigen« Pflanzen sehr groß ist. Trotzdem – vielleicht wollen Sie sich ein wenig näher mit Pflanzen befassen und empfinden den Umgang mit ihnen als ein anregendes und entspannendes Hobby.

Bedenken Sie, dass der Frost in Gefäße von allen Seiten eindringen kann, und dass darin auch die Erde schneller austrocknet.

Überwintern

Der Winter kommt auf jeden Fall, und dann sollten Sie wissen, was Sie mit Ihren Pflanzen machen. Es ist unbefriedigend und hinterlässt ein schlechtes Gewissen, wenn man Pflanzen wegwerfen muss, die eigentlich ausdauernd sind, nur weil man ihnen im Winter nicht die ihnen zusagenden Bedingungen bieten kann.

Überwinterung im Freien

Das Angebot an Balkon- und Terrassenpflanzen umfasst heute im Gegensatz zu früher auch viele Arten, die mit den klimatischen Bedingungen unseres Winters zurechtkommen und daher im Freien bleiben können. Meist ist nur ein einfacher oder auch etwas aufwändigerer Winterschutz nötig, der in erster Linie zu heftige Temperaturwechsel abmildern und austrocknende Winde abhalten soll.

Während Zwiebelgewächse problemlos überwintern, überstehen Stiefmütterchen die Frostperiode selten.

Überwinterungstipps

- Die Gefäße müssen winterhart sein und eine gute Dränage haben (siehe Seite 20). Stellen Sie die Gefäße auf Holzlatten oder Styroporplatten.
- Die Kübel sollten Sie außen mit Winterschutzvlies, Noppenfolie oder Kokosmatten umgeben.
- Bei Rosen die Veredelungsstelle mit Fichtenzweigen umhüllen; Rosen sind besonders frostempfindlich.
- Niedrige Pflanzen mit Reisig bedecken oder luftdurchlässige Materialien wie Kunststoffvlies oder Schattierleinen darüber breiten.
- An der Wand stehende Gefäße können mit schräg angelehnten Schilf- oder Strohmatten geschützt werden.
- Mehrere kleinere Gefäße in einer großen Kiste auf einer Dränageschicht zusammenstellen. Zwischenräume mit Isoliermaterial (Styropor, Holzwolle, Zeitungspapier) ausfüllen und Kiste mit Reisig abdecken.

Gießen Sie Ihre Pflanzen bei mildem, frostfreiem Wetter, damit sie nicht austrocknen. (Besonders wichtig, wenn ihren Standort kein Regen erreicht.)

Winterharte Gefäßpflanzen

Gehölze: Japanischer Fächerahorn *(Acer palmatum)*, Bartblume *(Caryopteris)*, Buchsbaum *(Buxus)*, Besenheide *(Calluna)*, Herbstchrysantheme *(Chrysanthemum)*, Felsenmispel *(Cotoneaster)*, Winterjasmin *(Jasminum nudiflorum)*, Wacholder *(Juniperus)*, Kiefer *(Pinus)*, Kirschlorbeer *(Prunus laurocerasus)*, Lavendel *(Lavandula)*, Salbei *(Salvia)*, Thymian *(Thymus)*
Zweijährige: Goldlack *(Cheiranthus)*, Maßliebchen *(Bellis)*, Vergissmeinnicht *(Myosotis)*, Petersilie *(Petroselinum)*, Stiefmütterchen *(Viola wittrockiana)*
Stauden: Glockenblume *(Campanula)*, Federborstengras *(Pennisetum)*, Bärenfellschwingel *(Festuca scoparia)*, Blauschwingel *(Festuca cinerea)*, Primel *(Primula)*, Tulpe und andere Zwiebel- und Knollengewächse

Unterschiedliche Frostempfindlichkeit einiger Kübelpflanzen

Sehr empfindlich (verträgt keinen Frost)	Empfindlich (verträgt kurzzeitig bis –5 °C)	Weniger empfindlich (verträgt kurzzeitig bis –12 °C)
Schönmalve *(Abutilon)*, Kassie *(Cassia)*, Zitrusarten *(Citrus)*, Heliotrop *(Heliotropium)*, Hibiskus *(Hibiscus)*, Bleiwurz *(Plumbago)*, Tibouchina *(Tibouchina)*	Erdbeerbaum *(Arbutus)*, Aukube *(Aucuba)*, Kamelie *(Camellia)*, Zwergpalme *(Chamaerops)*, Myrte *(Myrtus)*, Klebsame *(Pittosporum)*, Ölbaum *(Olea)*	Orangenblume *(Choisya)*, Feigenbaum *(Ficus carica)*, Lorbeer *(Laurus)*, Granatapfel *(Punica)*

- Immergrüne Pflanzen nicht dauernd, sondern nur bei längeren Kälteperioden bedecken.
- Pflanzen möglichst nicht an Südwänden aufstellen. Sogar ein völlig schattiger Platz bekommt den Pflanzen besser als volle Wintersonne.

Andere Orte in und am Haus, die als Überwinterungsplätze geeignet, wenn auch meist nicht ideal sind: Kellerräume, Garage, Speicher, Treppenhaus, ungeheizte Zimmer.

Überwinterung im Haus

Die meisten immergrünen (z. B. Orangenblume, Zitrusarten, Oleander, Lorbeer) sowie Laub abwerfende Gehölze und Stauden aus warmen Gegenden wie Fuchsien, Pelargonien, Begonien sind nicht winterhart und müssen vor dem Frost ins Haus geräumt werden.

Überwinterungsorte

Fast alle frostempfindlichen Pflanzen brauchen einen hellen, kühlen und luftigen Überwinterungsplatz. Wer einen Wintergarten oder ein Kleingewächshaus besitzt, ist gut dran. Er kann frostempfindlichen Pflanzen Bedingungen bieten, unter denen sie relativ unbeschadet den Winter überstehen. Als Überwinterungsort der meisten klassischen Kübel-, Balkon- und Terrassenpflanzen eignet sich das so genannte Kalthaus, das im Winter kühl (2 bis 12 °C) ist und den subtropischen Pflanzen, den Mittelmeerpflanzen und den Pflanzen aus Hochlagen der Tropen zusagt.

- Helle Überwinterungsplätze brauchen immergrüne Gehölze, im Winter blühende Pflanzen, Bambusarten.
- Dunkle Überwinterungsplätze kann man notfalls Laub abwerfenden Arten und stark zurückgeschnittenen Pflanzen zumuten. Knollen und Zwiebeln brauchen im Winter kein Licht.
- Faustregel: Je dunkler ein Überwinterungsquartier ist, desto kühler muss es sein, je heller es ist, desto wärmer darf es sein. Völlig ungeeignet sind dunkle und warme Plätze.

Beachten Sie, dass Ihre Pflanzen möglicherweise unterschiedlich frostempfindlich sind. Bedenken Sie: Je kürzer die Pflanze im Wintequartier verweilen muss, desto weniger leidet sie.

Tipps zum Einräumen

- Je nach Größe der Pflanzen und Gefäße kann das Einräumen ziemlich viel Kraft erfordern. Hilfen bieten Sackkarren und Pflanzenkübeluntersetzer mit Rollen.
- Dornige Pflanzen oder Pflanzen mit spitzen Blattenden zusammenbinden bzw. Korkstücke auf die Blattspitzen stecken (damit Sie sich beim Einräumen nicht verletzen).
- Ab August schwächer, ab September gar nicht mehr düngen.
- Ab Anfang September sparsamer gießen. Ein trockenerer Wurzelballen bietet Pilzen weniger Angriffsmöglichkeiten.
- Einige Pflanzen, etwa Schönmalve und Passionsblume, können Sie jetzt zurückschneiden. Das erleichtert das Einräumen, und die Pflanzen brauchen am Überwinterungsort weniger Platz.
- Pflanzen nicht zu eng nebeneinander stellen.

Pflege im Winterquartier

Ein paar Minuten Aufmerksamkeit jeden Tag werden Ihre Pflanzen Ihnen lohnen, indem sie besser über die schwierige Winterzeit kommen.

- Regelmäßig Pflanzen kontrollieren und welke, vertrocknete oder kranke Teile entfernen.
- An frostfreien Tagen lüften.
- Sparsam gießen, aber Wurzelballen nicht austrocknen lassen. An einem wärmeren Überwinterungsplatz muss mehr gegossen werden als an einem kühleren.
- Ab Ende Januar Wassergaben langsam steigern und die Pflanzen möglichst etwas heller und wärmer stellen.

Ausgeräumte Pflanzen sollten Sie zwei Wochen an einen schattigen, windgeschützten Platz stellen und sie so akklimatisieren (verhindert Sonnenbrand und kräftigt die Pflanzen).

»Auswintern« im Frühjahr

Mit zunehmender Tageslänge, also bei mehr Licht und mehr Wärme, beenden die Pflanzen ihre Winterruhe. Etwa ab Anfang März beginnen sie, neue Triebe und Blätter zu bilden. Je nach Pflanzenart wird schon im April oder erst Mitte Mai ausgeräumt. Für den Beginn der neuen Vegetationsperiode ist wichtig:

- Gießmengen nur langsam steigern
- Abdeckungen und Winterschutzhüllen bei den im Freien überwinterten Pflanzen entfernen
- Im Winterquartier entstandene Triebe abschneiden
- Pflanzen zurückschneiden, bei denen dies nötig und möglich ist
- Falls nötig umtopfen

Umtopfen

Die beste Zeit für das Umtopfen ist das Frühjahr. Umtopfen ist nötig, weil mit der Zeit die Erde verkrustet und sich verdichtet, da sie mit Stoffwechsel-, Gießwasser- und Düngerrückständen belastet ist, außerdem die Wurzeln der herangewachsenen Pflanze mehr Platz brauchen.

Topfen Sie um, wenn:

- Die Pflanze trotz sorgfältiger Pflege nicht mehr wächst und zunehmend kümmerlich wird
- Die Wurzeln aus dem Abzugsloch herauswachsen
- Die Erde nicht mehr wasseraufnahmefähig ist und rasch austrocknet
- Der (herausgenommene) Wurzelballen fast nur noch aus Wurzeln und kaum mehr aus Erde besteht

Manche Pflanzen sollten alljährlich umgetopft werden, beispielsweise Engelstrompete, Fuchsie, Oleander, Pelargonie, Strauchmargerite. Viele andere halten länger im selben Topf aus.

So gehen Sie vor:

- Wählen Sie ein Gefäß das ringsum nur etwa zwei bis vier Zentimeter größer ist als das alte. Besorgen Sie sich den passenden Untersetzer dazu, Pflanzerde und Dränagematerial.
- Bereiten Sie das neue Gefäß vor wie auf Seite 20 beschrieben.
- Schlagen Sie zum Austopfen den umgedrehten Topf vorsichtig gegen eine feste Unterlage. Bei großen Gefäßen brauchen Sie eine zweite Person, die den Topf festhält, während Sie die Pflanze herausheben, nachdem Sie zuvor den Ballen mit einem Messer vorsichtig von der Topfwand gelöst haben.
- Schütteln Sie sacht die alte Erde aus den Wurzeln heraus. Lockern Sie vorsichtig stark verfilzte Wurzeln mit einem Holzstäbchen. Schneiden Sie faule und verletzte Wurzeln ab (Schnittstellen gründlich mit Holzkohlenpulver desinfizieren).
- Bei stark wachsenden und -wurzelnden Pflanzen (Engelstrompete, Oleander) beschneiden Sie den Wurzelballen rundum, und setzen Sie die Pflanze in einen Topf gleicher Größe wie vorher.
- Auch oberirdische Pflanzenteile zurückschneiden.

- Topfen Sie ein wie auf Seite 27 beschrieben.
- Nach dem Umtopfen stellt man die Pflanze schattig und windgeschützt auf und gießt zunächst nur sparsam, bis die Pflanze durch erneutes Wachsen zeigt, dass sie sich eingewurzelt hat. Je nach Düngervorrat im neuen Substrat beginnt man erst nach einiger Zeit wieder mit dem Düngen.

Wenn Sie die Pflanzen wegen ihrer Größe nicht mehr aus dem Gefäß nehmen können oder als eine weniger aufwändige Zwischenlösung bis zum nächsten Umtopfen: Nehmen Sie vorsichtig so viel alte Erde wie möglich aus dem Gefäß, und ersetzen Sie sie durch neue.

Schneiden

Viele ausdauernde Balkon- und Terrassenpflanzen müssen regelmäßig geschnitten werden, besonders Gehölze und Kletterpflanzen, aber auch manche Halbsträucher und Stauden.
Durch das Schneiden regen Sie das Wachstum an, fördern die Blütenbildung, bringen die Pflanzen in die gewünschte Form und können verhindern, dass eine Pflanze zu groß wird.
Geschnitten wird meistens im Herbst (nach der Blüte) oder im Frühjahr (vor dem Austrieb).

Ausputzen

Entfernen Sie regelmäßig, in der Hauptwachstums- und -blütezeit am besten täglich, verwelkte Blüten. Sie verhindern damit die Samenbildung, die die Pflanze viel Kraft kostet. Entfernen Sie auch verwelkte oder abgestorbene Blätter, um Krankheitserregern weniger Angriffsfläche zu bieten.

Entspitzen

Wenn Sie die Verzweigung junger Pflanzen anregen wollen, schneiden oder knipsen Sie (mit Daumen und Zeigefinger) den Haupttrieb oben ab. Entfernen Sie später auf diese Weise auch die Spitzen der Verzweigungen.

Wenn Sie die Triebspitzen Ihrer Küchenkräuter regelmäßig ernten, fördern Sie gleichzeitig deren buschigen Wuchs.

Rückschnitt

Mit einem Rückschnitt kann man die Pflanze zu einem kräftigen Neuaustrieb unterhalb der Schnittstelle anregen. Er wird nötig, wenn die Pflanze zu groß wird, wenn schwache Triebe entfernt werden sollen, wenn die Pflanze eine Verjüngung nötig hat.

Da wir unseren Pflanzen keine Gewalt antun wollen, könnte ein Grundsatz dabei lauten: So viel Schnitt wie nötig, so viel wachsen lassen wie möglich.

Besonders wichtig: Die Schnittstelle soll etwa einen halben Zentimeter über einem nach außen weisenden Blatt oder einer nach außen weisenden Knospe liegen. Der Schnitt soll von der Knospe weg schräg nach unten geführt werden. So wird auch verhindert, dass Wasser zur Knospe hin läuft.

Hochstämmchen und Kletterpflanzen erziehen

Eine ganze Reihe von Pflanzen lässt sich mit etwas Geduld zu Hochstämmchen erziehen, beispielsweise Buchsbaum, Fuchsie, Lorbeer, Myrte, Pelargonie, Rosmarin, Strauchmargerite, Vanilleblume, Wandelröschen. Es kann allerdings Jahre dauern, bis das Hochstämmchen fertig ist.

So gehen Sie vor:

- An einer Jungpflanze alle Seitentriebe entfernen und nur den Mitteltrieb stehen lassen.
- Den Mitteltrieb an einem Stab festbinden.
- Sobald die gewünschte Höhe erreicht ist, Mitteltrieb oben kappen.
- Die sich nun stärker entwickelnden Seitentriebe stutzen, bis eine runde, gleichmäßige Krone entstanden ist.
- Niedrige Unterpflanzungen – etwa Kapuzinerkresse, Schnittlauch, Erdbeeren – auf der Erdoberfläche im

Kübel sehen schön aus und verzögern das Austrocknen des Wurzelballens. Kletterpflanzen können durch gezielten Rückschnitt sowie durch das Anordnen und Festbinden der Triebe an der Kletterhilfe zu einer bestimmten Form erzogen werden.

Vermehren

Wer Spaß an der Topfgärtnerei hat, möchte irgendwann auch selbst Pflanzen vermehren und nicht nur fertige Exemplare kaufen. Schon mit relativ wenig Aufwand kann man die Faszination erleben, die von dem Werden eines Lebewesens aus einem Samenkorn oder der Entwicklung eines kleinen Stecklings zu einer kräftigen Pflanze ausgeht.

So mischen Sie Anzuchterde: Sand und Komposterde im Verhältnis 1:1 oder je ein Teil Gartenerde, Sand und Rindenhumus. Sie sollten Ihre Mischungen auf jeden Fall sterilisieren, um Vermehrungskrankheiten zu verhindern.

Werkzeug und Material

Sie benötigen zusätzlich:

- Anzuchterde; die als Anzucht- oder Aussaaterde erhältlichen Substrate sind nährstoffarm, meist nicht oder nur wenig vorgedüngt. Pflanzen bewurzeln sich nämlich in mageren Substraten besser. Sie erhalten Anzuchterde im Fachhandel. Bevorzugen Sie in jedem Fall torffreie Produkte.
- Aussaatgefäße, etwa Saatschalen aus Plastik, »Zimmergewächshaus« (Schalen mit Plastikhaube und eventuell Bodenheizung), Multitopfplatten
- Verdunstungsschutz, etwa Glasscheiben, Plastikfolien, Einmachgläser
- Pikierstab (nicht notwendig, aber nützlich)
- Bewurzelungspräparate (für die Stecklinge mancher Pflanzen sinnvoll)
- Holzkohlenpulver und -stücke
- Plastiketiketten

Aussaat

Für diese Vermehrungsart eignen sich vor allem verschiedene Küchenkräuter und Gemüsepflanzen, ein- und zweijährige Sommerblumen, aber auch einige Stauden und Gehölze, einschließlich etlicher Kübelpflanzen. Viele dieser Pflanzen können Sie bereits ab Spätwinter/Frühjahr als Vorkultur auf der Fensterbank, im Wintergarten oder im geheizten Gewächshaus aussäen. Die Jungpflanzen werden später auf Balkon oder Terrasse umquartiert. Manche Arten können Sie im späteren Frühjahr auch direkt im Freien in Kästen säen.

Ab Januar sind Sämereien im Fachhandel erhältlich, die Kataloge der Spezialversender meist schon ab Dezember.

Aussaat in Anzuchtschalen (mit späterem Pikieren)

So gehen Sie vor:

- Abzugslöcher mit Tonscherben abdecken.
- Anzuchtschale bis knapp unter den Rand mit Anzuchterde füllen. Kurz aufstoßen, Substrat glätten.
- Samen dünn und gleichmäßig aussäen, mit einem Löffelrücken die Aussaat leicht andrücken.
- Lichtkeimersamen (beispielsweise Basilikum oder Glockenblumen) höchstens ganz dünn mit Erde übersieben. Sonstige Samen werden mit einer 0,5 bis 1 Zentimeter dicken Schicht gesiebter Erde überdeckt.
- Mit der Sprühflasche gründlich anfeuchten.
- Mit Glas, Plastikhaube oder transparenter Plastikfolie abdecken, damit die Verdunstung eingeschränkt wird. Für den nötigen Luftaustausch werden Glas oder Plastikhaube an den Rändern auf Hölzchen gestellt, in Folien schneidet man am Rand Schlitze.
- Schale hell (aber nicht in die pralle Sonne) und warm (18 bis 20 °C) stellen. Gleichbleibend feucht halten.
- Sobald die Keimung eingesetzt hat, Abdeckung zeitweise zum Lüften, später ganz entfernen.

Versehen Sie die Aussaat mit Etiketten: Art- und Sortenangabe sowie Aussaattermin sollten darauf angegeben sein.

- Sämlinge hell, geschützt, und nicht zu warm stellen.
- Pikieren: Sobald nach den Keimblättern die beiden ersten Laubblattpaare erschienen sind. Man versteht darunter ein Umsetzen der Sämlinge in Einzeltöpfchen (mit Pikiererde oder etwas nährstoffreicherer Anzuchterde), um ihnen Platz für ihre Entwicklung zu geben.

Für die meisten Pflanzen ist bei der Aussaat Zimmertemperatur (18 bis 20 °C) richtig; manche »Südländer« brauchen es wärmer.

Pflanzen für Direktaussaat

PFLANZE	FRÜHESTER AUSSAATTERMIN
Küchenkräuter	
Dill *(Anethum)*	April
Borretsch *(Borago)*	April
Basilikum *(Ocimum)*	Ende Mai
Majoran *(Origanum)*	Ende Mai
Petersilie *(Petroselinum)*	Mitte März
Gemüse	
Pflücksalat *(Lactuca)*	April
Gartenkresse *(Lepidium)*	März
Winterpostelein *(Montia perfoliata)*	August
Feuerbohne *(Phaseolus)*	Mitte Mai
Radieschen *(Raphanus)*	März (Frühsaat), September (Spätsaat)
Spinat *(Spinacia)*	März (Frühsaat), August (Spätsaat)
Einjährige Sommerblumen:	*siehe Seite 57*
Zweijährige Blumen	
Maßliebchen *(Bellis)*	Juni
Goldlack *(Cheiranthus)*	Mai
Bartnelke *(Dianthus barbatus)*	April
Stiefmütterchen *(Viola)*	Juni

Aussaat in Einzeltöpfe (ohne Pikieren)

Wenn Sie nur wenige Pflanzen anziehen wollen, können Sie gleich in Einzeltöpfe aussäen und damit den Pflanzen eine ungestörte Entwicklung ermöglichen. Verwenden Sie dafür Multitopfplatten, kleine Tontöpfe oder auch Joghurtbecher (mit Abzugslöchern).

- Geben Sie in die Töpfchen entsprechend weniger Samen: zwei bis drei große Körner oder mehrere kleine.
- Wenn die Pflänzchen heranwachsen, ziehen Sie die schwächeren heraus und lassen nur die kräftigste Pflanze stehen.
- Bei sehr nährstoffarmem Substrat muss eventuell nach einigen Wochen nachgedüngt werden – es dauert ja noch einige Zeit bis zum Umtopfen.
- Setzen Sie die kräftig herangewachsenen Jungpflanzen in größere Gefäße um.

Natürlich können Sie im Herbst von Ihren Lieblingspflanzen die Samen abnehmen und sie im Frühjahr zum Anziehen von Jungpflanzen verwenden.

Direktaussaat im Freien

Verschiedene einjährige Sommerblumen, manche Küchenkräuter und Gemüsepflanzen können ab Mitte April, empfindliche Arten erst ab Mitte Mai ohne Vorkultur in Kästen, Schalen oder Töpfe gesät werden. Nach einiger Zeit dünnen Sie aus, damit die Sämlinge genügend Platz für ihre Entwicklung haben. Die zweijährigen Arten werden im Sommer (Juni/Juli) gesät. Sie verbringen den Winter – am besten unter einer schützenden Reisigdecke – im Freien.

Vegetative Vermehrung

Durch Teilen und über Stecklinge werden Balkon- und Terrassenpflanzen am häufigsten vegetativ vermehrt. Einige bilden Ausläufer, die man abtrennen kann, bei manchen sind Abmoosen oder Absenken möglich.

Einige durch Teilung vermehrbare Pflanzen

Agapanthus *(Agapanthus)*, Schnittlauch *(Allium)*, Metzgerpalme *(Aspidistra)*, Blaukissen *(Aubrieta)*, Glockenblume *(Campanula)*, Blumenrohr *(Canna indica)*, Segge *(Carex)*, Schwingel *(Festuca)*, Ysop *(Hyssopus)*, Lavendel *(Lavandula)*, Melisse *(Melissa)*, Minze *(Mentha)*, Primel *(Primula)*, Thymian *(Thymus)*

Teilung

Teilen Sie – selbstverständlich nur kräftige Pflanzen – während der Ruhephase der Pflanzen im Spätherbst oder im Frühjahr.

- Pflanze aus dem Gefäß nehmen und vorsichtig die Erde von den Wurzeln entfernen.
- Unkraut und beschädigte Wurzeln entfernen, zu lange Wurzeln kürzen.
- Mit den Händen die Pflanze auseinanderziehen oder – bei sehr verfilzten Wurzeln und bei Rhizomen – mit einem Messer teilen. Jedes Teilstück muss Wurzeln und Triebknospen haben.
- Teilstücke einpflanzen.

Geeignet für die Teilung als Vermehrungsart sind insbesondere Stauden, die dichte Horste bilden und solche mit Rhizomen.

Stecklinge

Stecklinge sind abgetrennte Teile des Pflanzenkörpers, die sich zu neuen, mit der Mutterpflanze erbgleichen Individuen regenerieren. Es gibt verschiedene Stecklingsarten. Bei unseren Topfpflanzen bieten sich vor allem krautige Kopfstecklinge, halbreife Kopfstecklinge und Teilstecklinge an.

Kopfstecklinge

Kopfstecklinge können von verschiedenen ein- und zweijährigen Pflanzen, von Stauden und von Gehölzen genommen werden. Man schneidet dabei etwa finger-

Bei Gehölzen unterscheidet man zwischen krautigen (unverholzten), die im Frühjahr geschnitten, und halbreifen (an der Basis schon verholzten, an der Spitze noch weichen) Kopfstecklingen, die im Sommer geschnitten werden.

> ### *Vermehrung durch Kopfstecklinge*
> **Küchenkräuter:** Eberraute *(Artemisia abrotanum)*, Estragon *(Artemisia dracunculus)*, Ysop *(Hyssopus)*, Lavendel *(Lavandula)*, Melisse *(Melissa)*, Katzenminze *(Nepeta)*, Basilikum *(Ocimum)*, Rosmarin *(Rosmarinus)*, Weinraute *(Ruta graveolens)*, Salbei *(Salvia)*, Thymian *(Thymus)*
> **Kübelpflanzen:** Schönmalve *(Abutilon)*, Engelstrompete *(Brugmansia)*, Hammerstrauch *(Cestrum)*, Zitronenbäumchen *(Citrus)*, Spindelstrauch *(Euonymus)*, Heliotrop *(Heliotropium)*, Roseneibisch *(Hibiscus)*, Lorbeer *(Laurus)*, Myrte *(Myrtus)*, Nerium *(Oleander)*, Bleiwurz *(Plumbago)*
> **Balkonblumen:** Begonie *(Begonia)*, Kaskadenblume *(Centradenia)*, Blaue Mauritius *(Convolvulus)*, Herbstchrysantheme *(Chrysanthemum)*, Dahlie *(Dahlia)*, Blaues Lieschen *(Exacum affine)*, Fuchsie *(Fuchsia)*, Fleißiges Lieschen *(Impatiens)*, Pelargonie *(Pelargonium)*, Petunie *(Petunia)*

lange Triebspitzen ab. Der Steckling soll mindestens drei oder vier gut entwickelte Blätter oder Blattpaare haben. Halbreife Kopfstecklinge, die insbesondere von immergrünen Gehölzen genommen werden, bewurzeln sich schlechter; bei ihnen können Bewurzelungsstoffe hilfreich sein.

- Gefäß vorbereiten: Abzugslöcher im Topf mit Tonscherben bedecken, dann Anzuchterde einfüllen.
- Mit einem scharfen Messer dicht unter einem Knoten einen sauberen Schnitt führen.
- Untere Blätter einkürzen oder entfernen.
- Mit dem Pikierholz Löcher in das Substrat bohren.
- Stecklinge flach (0,5 bis 1 Zentimeter) einsetzen und etwas andrücken.

- Gründlich, aber sanft mit einer Brause wässern.
- Mit Kunststoffhaube, Plastiktüte, Folie oder Einmachglas vor zu großer Verdunstung schützen. Wegen der Fäulnisgefahr muss jedoch der Luftaustausch gewährleistet sein.
- An einem hellen, aber nicht direkt besonnten Platz bei Zimmertemperatur aufstellen; auf gleichbleibende Feuchtigkeit achten.
- Wenn die Stecklinge Wurzeln gebildet haben, in nährstoffreicheres Substrat pikieren.

Teilstecklinge
Teilstecklinge stammen von einem Mittelstück eines Triebs. Sie müssen mindestens ein Blatt oder ein Blattpaar haben. Insbesondere Pflanzen mit langen Trieben (Kletterpflanzen) – etwa Kiwi, Efeu, Passionsblume – bieten sich dafür an.

Abtrennen von Ausläuferpflanzen

Manche Pflanzen vermehren sich über so genannte Ausläufer. Sie bilden lange, dünne Triebe, an deren Knoten sich Wurzeln und Blätter bilden. Diese jungen Tochterpflanzen – etwa von Duftveilchen, Erdbeeren, Felsenmispel, Günsel, Hauswurz – kann man abnehmen und einsetzen.

Die eigenhändige Vermehrung von Pflanzen durch Stecklinge, Abtrennen und Absenken macht Spaß und spart zudem viel Geld.

Absenken

Manche Pflanzen, wie Besenheide, Schneeheide, Kletterrosen, bilden an Stellen, wo ihre Triebe Erdkontakt haben, Wurzeln aus. Diese Fähigkeit kann man nutzen: einen Trieb herunterbiegen und an einer Stelle mit einem Haken auf dem Substrat (auch in einem zweiten Gefäß möglich) feststecken. Auf den abgesenkten Bereich wird etwas Erde gehäufelt, und die Triebspitze wird wieder aufgerichtet.

Pflanzvorschläge

Oftmals genügen wenige Pflanzen, zu ihnen passende dekorative Gefäße und ein paar Accessoires, um Ihrem Balkon oder Ihrer Terrasse eine besondere Note zu geben. Vielleicht wollen Sie die Sommerabende in Mittelmeeratmosphäre verbringen, oder Sie entspannen besonders gut in einem Ambiente, das an einen üppigen Bauerngarten gemahnt?

Mit Hilfe der grünen Blätter bauen die Zwiebel- und Knollengewächse den Nährstoffvorrat in ihren Speicherorganen wieder auf, daher Blätter erst abschneiden, wenn sie völlig vertrocknet sind.

Vier Jahreszeiten

Zwar sind die Balkon- und Terrassengärten wohl im Frühling und Sommer am schönsten, doch auch im Herbst und sogar im Winter müssen Sie nicht auf Freude und Anregungen durch Pflanzen verzichten.

Frühling

Nach dem Winter sehnen wir uns alle nach frischem Grün, nach farbigen Blüten und Duft. Frühlingsblüher erfüllen diese Wünsche oft schon im zeitigen Frühjahr.

Zwiebel- und Knollenpflanzen

Ein Hauptthema für den Frühling sind die Zwiebel- und Knollenpflanzen: Stauden, die die ungünstige Jahreszeit mit ihrer Zwiebel oder ihrer Knolle im Boden überdauern. Während der Wachstumszeit wurden in diese Speicherorgane Nährstoffe eingelagert. Sobald die Tage zunehmen und es heller und wärmer wird, mobilisieren die Zwiebel- und Knollenpflanzen ihre Vorräte und können deshalb so früh blühen. Wenn Sie solche Frühlingsboten bei sich auf dem Balkon haben möchten, gibt es zwei Möglichkeiten:

Es müssen nicht immer Kübel sein, Pflanzen gedeihen in jedem Gefäß, sobald sie genug Erde und Wasser haben.

Wenn die Frühblüher abgeblüht sind, können Sie sie in den Garten pflanzen; eine Weiterkultur im Gefäß lohnt meist nicht.

Frühblüher

Blaustern *(Scilla)*, Krokus *(Crocus)*, Hyazinthe *(Hyacinthus)*, Märzenbecher *(Leucojum)*, Narzisse *(Narcissus)*, Schachbrettblume *(Fritillaria meleagris)*, Schneeglöckchen *(Galanthus)*, Schneestolz *(Chionodoxa)*, Traubenhyazinthe *(Muscari)*, (niedrige) Tulpe *(Tulipa)*, Winterling *(Eranthis)*

- Sie kaufen im März/April für die Balkon- und Terrassenkultur blühend angebotene Pflanzen.
- Sie erwerben im Herbst Zwiebeln und Knollen und setzen sie im September/Oktober in Gefäße mit Erde. Stellen Sie das mit Reisig bedeckte Gefäß an einen geschützten Platz im Freien, und achten Sie darauf, dass die Erde bis zum Frühjahr nie ganz austrocknet.

Andere Frühlingsblüher

Im Frühjahr und im Herbst bietet der Fachhandel verschiedene winterharte Stauden zur Pflanzung an, etwa Christrose *(Helleborus)*, Leberblümchen *(Hepatica)*, Primel *(Primula)*, Küchenschelle *(Pulsatilla)*, Ranunkel *(Ranunculus)*, Duftveilchen *(Viola odorata)*.
Zweijährige Frühlingsblüher wie Maßliebchen *(Bellis)*, Goldlack *(Cheiranthus)*, Vergissmeinnicht *(Myosotis)*, Stiefmütterchen *(Viola wittrockiana)* können Sie im Frühjahr als blühende Pflanzen kaufen oder im Sommer aussäen, ausdünnen oder pikieren, eintopfen und mit Winterschutz im Freien lassen.

Auch einige Kletterpflanzen und Ampelpflanzen gehören zu den einjährigen Sommerblühern.

Sommer

Der Sommer ist die Zeit der klassischen Balkonblumen wie Pelargonien, Fuchsien, Petunien, die Zeit der ein- und zweijährigen Sommerblumen, der Kübelpflanzen und der Ernte bei Küchenkräutern, Gemüse und Obst. Startzeit für die Sommersaison auf Garten und Terrasse ist bei uns meist nach den Eisheiligen, also Mitte Mai.

Einjährige Sommerblumen

Die Zeit der Sommerblumen dauert von Mai bis zum Frost. Viele blühen in dieser Zeit unermüdlich, einige, etwa Margeriten, entfalten ihren Flor nur für kurze Zeit. Die Pflanzen werden ab April/Mai in Gärtnereien und Gartencentern angeboten. Sie können viele von ihnen jedoch auch selbst ziehen. Meist ist eine Vorkultur im März/April unter Glas nötig (Fensterbank, Kleingewächshaus, Wintergarten), manche kann man auch ab Mai direkt im Freien aussäen. Samenmischungen verschiedener Sommerblumen beinhalten Arten mit ähnlichen Ansprüchen. In den Pflanzenportraits (ab Seite 65) sind auch eine Reihe von Sommerblumen angeführt. Die nachfolgend genannten einjährigen Sommerpflanzen kann man im März oder Anfang April als Vorkultur bei Zimmertemperatur aussäen.
Wenn es Ihnen gefällt, bieten sich auch Farbkontraste wie Orange–Blau, Lila–Gelb an. Rot wirkt sehr stark und sollte verwendet werden, um Akzente zu setzen. Blau strahlt Ruhe aus und lädt zum Entspannen ein. Gelb und Orange wirken munter und heiter.

Bedenken Sie vor dem Sommerblumenkauf, welche Gefäße bepflanzt werden sollen und in welchen Farben Sie gestalten möchten. Eine Ton-in-Ton-Bepflanzung macht sich eigentlich immer gut.

Einjährige Sommerblumen mit Vorkultur

Gartenfuchsschwanz *(Amaranthus caudatus)*, Sommeraster *(Callistephus chinensis)*, Hahnenkamm *(Celosia)*, Kapringelblume *(Dimorphotheca)*, Ziertabak *(Nicotiana)*, Einjahrsphlox *(Phlox drummondii)*, Husarenknöpfchen *(Sanvitalia)*, Silberblatt *(Senecio bicolor)*, Spaltblume *(Schizanthus)*, Zinnie *(Zinnia)*

Herbst

Viele Sommerblüher wie Fuchsien, Ringelblumen, Blaue Mauritius halten ihre Pracht bis zum ersten Frost und retten so die Sommerfarben in den Herbst hinein. Dieser ist die Zeit der Gelb- und Brauntöne, der dunklen Rot- und Violettnuancen – draußen in der Natur und wenn Sie wollen auch auf Ihrem Balkon oder Ihrer Terrasse. Manche Laub abwerfende Gehölze leuchten jetzt in einem bunten Herbstkleid.

Man sollte mit blauer Farbe im Schatten oder vor einem dunklen Hintergrund zurückhaltend sein.

Herbstblüher

Reizvoll ist es, sich Herbst- oder Winterblüher vors Fenster zu holen. Die meisten dieser spät blühenden Pflanzen werden im August oder September gesetzt: Aster *(Aster dumosus, Aster alpinus, Callistephus chinensis)*, Besenheide *(Calluna)*, Chrysantheme *(Chrysanthemum-Indicum*-Hybriden), Heidekraut *(Erica herbacea* und *Erica gracilis)*, Herbstkrokus *(Crocus speciosus)*, Herbstzeitlose *(Colchicum)*, Stiefmütterchen *(Viola-Wittrockiana*-Hybriden), Strauchveronika *(Hebe)*. Die Glockenheide *(Erica gracilis)* wird weggeworfen, wenn sie unansehnlich geworden ist. Strauchveronika und Chrysanthemen müssen im Haus überwintern, die Sommeraster Callistephus ist einjährig, die anderen Pflanzen sind winterhart. Krokus und Herbstzeitlose setzt man nach der Blüte in den Garten.

Das meist einjährig gezogene Silberblatt *(Senecio)* ist wegen seiner silbrigen Blätter auch ein attraktiver Herbstschmuck.

Gräser

Auch Gräser sind ein Thema für den Herbst, da viele von ihnen dann besonders schöne Farben zeigen.
Einjährige Gräser können Sie im Frühjahr säen, etwa Federgras *(Stipa tenacissima)* und Zittergras *(Briza maxima)*. Es gibt auch fertige Ziergräsermischungen mit

einjährigen Ziergräsern zu kaufen. Von den ausdauernden Gräsern, die im Freien überwintern können, sind beispielsweise folgende für den Balkonkasten geeignet: Blauschwingel *(Festuca glauca)*, Federborstengras *(Pennisetum)*, Hainsimse *(Luzula nivea)*, Japansegge *(Carex morrowii)*, Mariengras *(Hierochloë odorata)*.

Ein schöner Herbst- und Winterschmuck sind farbige Früchte, etwa die roten Beeren der Felsenmispel *(Cotoneaster)* oder des Feuerdorns *(Pyracantha)* und die weißen Früchte der Torfmyrte *(Pernettya)*.

Winter

Im Winter blühen etwa Christrose, Schneeheide und Winterjasmin. Dekorativ wirken auch die trockenen Blütenstände mancher Gräser und Kräuter.

Immergrüne Gehölze

Sie zeigen, dass auch in der Zeit von Kälte und Dunkelheit das Leben weitergeht, und sollten in einem Balkon- oder Terrassengarten nicht fehlen.

Immergrüne Laubgehölze
Die Mehrzahl unserer heimischen Laubgehölze wirft im Herbst die Blätter ab. Daher haben die Menschen von jeher die wenigen immergrünen Bäume und Sträucher als etwas Besonderes empfunden.
Für Balkon und Terrasse geeignet sind etwa: Buchsbaum *(Buxus)*, (niedrige) Berberitze *(Berberis buxifolia, B. thunbergii)*, Efeu *(Hedera helix)*, Kirschlorbeer *(Prunus laurocerasus)*, Lavendel *(Lavandula)*, Salbei *(Salvia)*, Spindelstrauch *(Euonymus)*.

Einige Zwergkoniferen sind Wacholder, Zwergzypresse, Blaue Igelfichte, Mädchen- und Krummholzkiefer, Hemlockstanne oder Eibe.

Koniferen (Nadelgehölze)
Sie werden in Zwergformen (Höhe bis ein Meter) für Balkon und Terrasse angeboten, wachsen in Gefäßen langsamer als im Garten und können zurückgeschnitten werden. Auch sie dürfen im Winter nicht austrocknen. Mit Ausnahme der Eiben mögen es die Koniferen sonnig. Besonders viele Zwergformen gibt es bei Wacholder und Scheinzypressen.

Einige Duftpflanzen

Kletterpflanzen: Duftwicke *(Lathyrus)*, Geißblatt *(Lonicera)*, Glyzine *(Wisteria)*
Kübelpflanzen: Zitronenstrauch *(Aloysia)*, Engelstrompete *(Brugmansia)*, Zitrusarten *(Citrus)*, Orangenblume *(Choisya)*, Heliotrop *(Heliotropium)*, Brautmyrte *(Myrtus)*
Balkonpflanzen: Blaues Lieschen *(Exacum)*, Schönhäutchen *(Hymenocallis)*, Duftsteinrich *(Lobularia)*, Duftveilchen *(Viola odorata)*, Hyazinthe *(Hyacinthus)*, Duftpelargonien *(Pelargonium)*, Petunie *(Petunia)*

Umgeben Sie sich lieber nicht mit zu vielen Starkduftern und auch nicht mit zu vielen verschiedenen Düften. Bedenken Sie, dass gerade Düfte ganz unterschiedliche Empfindungen hervorrufen können.

Düfte

Pflanzenduft entsteht meist in den Blüten – ein Signal für bestäubende Insekten, dass es etwas zu holen gibt. Manche Pflanzen duften mit ihren Blättern. Sie können Ihren Balkon oder Ihre Terrasse in ein Duftgärtchen verwandeln. Denken Sie auch daran, dass manche Duftpflanzen Schädlinge abschrecken können. Viele unserer Heil- und Küchenkräuter, beispielweise Minze, Majoran, Schnittlauch und Thymian, aber auch Salbei, Lavendel und Basilikum, sind aufgrund ihres hohen Gehalts an ätherischen Ölen Duftpflanzen.

Schmackhaftes

In genügend großen Gefäßen lassen sich auch Obst- und Gemüsepflanzen ohne Probleme auf Balkon und Terrasse ziehen. Neben den vielfach beliebten Cherrytomaten, die nur kräftig gewässert und von überschüssigen Blüten befreit werden wollen, gibt es aber noch mehr Möglichkeiten (siehe auch Seite 111ff.).

Weitere Obstpflanzen

Andenbeere *(Physalis peruviana)*, Preiselbeere *(Vaccinium corymbosum)*, Wollmispel *(Eriobotrya japonica)* mit pflaumenartigen Früchten

Weitere Gemüsepflanzen

Praktisch sind Saatbänder mit Balkongemüse (etwa Möhren, Radieschen, Pflücksalat), auf denen die Samen im richtigen Abstand aufgebracht sind und die man nur in den Balkonkasten zu legen braucht.
Klein bleibende Sorten für die Kübelkultur gibt es beispielsweise auch von: Gurken *(Cucumis)*, Kürbis *(Cucurbita maxima)*, Zucchini *(Cucurbita pepo)*.

Essbare Blüten, mit denen sich auch Speisen dekorieren lassen, haben z. B. Borretsch, Kapuzinerkresse, Lavendel, Duftveilchen und Zucchini.

Kartoffeleimer

Vielleicht lockt es Sie, auf Ihrem Balkon oder Ihrer Terrasse Kartoffeln zu ziehen? Selbstverständlich können Sie keine reichhaltigen Ernten erwarten, aber zu sehen, wie Kartoffeln austreiben, wachsen und sich vermehren, könnte für Sie und gerade auch für Ihre Kinder interessant und die geringe Mühe wert sein.
Die richtige Zeit für die Anlage Ihres Kartoffeleimers ist April bis Mitte Mai. Versehen Sie einen Plastikeimer (zehn Liter) mit Abzugslöchern, und füllen Sie eine zehn Zentimeter dicke Erdschicht ein. Legen Sie zwei bis drei Saatkartoffeln oder gekeimte Speisekartoffeln auf. Bedecken Sie die Kartoffeln mit einer dünnen Erdschicht, und gießen Sie sparsam an. Wenn die Triebe etwa 15 Zentimeter hoch sind, wird bis unter die Blätter mit Erde aufgefüllt und wieder angegossen. So fahren Sie fort, bis die Erde knapp unter dem Eimerrand steht. Das Kartoffellaub braucht vielleicht eine Stütze. Ernten Sie, wenn die Blätter gelb werden.

Heimische Wildpflanzen

Reservieren Sie Platz für einige Wildpflanzen. Viele heimische Wildpflanzen bieten mit Pollen und Nektar reiche Nahrung für Insekten. Viele »echte« Balkon- und Terrassenpflanzen sind in dieser Hinsicht für Insekten nutzlos. Wichtig: Entnehmen Sie Wildpflanzen niemals der Natur. Im Fachhandel sind viele Pflanzen als Samen, teilweise auch als Pflanzen erhältlich.

Wildpflanzen haben eine reiche Samenentwicklung und bieten somit Futter für Vögel. Zudem eignen sie sich als Dauerpflanzungen. Mehrjährige Wildpflanzenarten können ohne weiteres im Winter draußen bleiben.

Blumenwiese

Besorgen Sie sich die Samenmischung für eine Wildblumenwiese. Solche Mischungen sind in diversen Zusammensetzungen und für verschiedene Standorte im Fachhandel erhältlich. Säen Sie im Frühjahr in einem Kasten mit sandiger Erde aus. Die Samen werden angedrückt, dünn mit Erde bedeckt und feucht gehalten.

Schatten oder Halbschatten liebende Wildpflanzen

Auch manche Wildpflanzen bilden kriechende oder hängende Sprosse. Einige Beispiele für ausdauernde, pflegeleichte »Wilde«, die selbstverständlich den Winter im Freien verbringen:

- **Zimbelkraut** *(Cymbalaria muralis):* Mag Mauern. Fünf- bis siebenlappige kleine Blätter; lang gestielte lila Blüten. Blütezeit: Juni bis September.
- **Gundermann** *(Glechoma hedera):* Alte Heilpflanze, die auch gegen Hexerei eingesetzt wurde. Kleine nierenherzförmige gekerbte Blätter (auch im Winter); blaue Lippenblüten. Blütezeit: April bis Juni.
- **Walderdbeere** *(Fragaria vesca):* dreiteilige grüne Blätter mit eiförmigen gezähnten Blättchen; weiße fünfzählige Blüten mit aufgewölbtem gelbem Blütenboden. Blütezeit: Mai bis Juni.
- **Goldnessel** *(Galeobdolon luteum syn. Lamium galeobdolon):* brennnesselähnliche Blätter ohne Brennhaare; gelbe Lippenblüten, Unterlippe mit braunroter Zeichnung. Blütezeit: April bis Juli.
- **Pfennigkraut** *(Lysimachia nummularia):* breit eiförmige Blätter; kleine fünfzählige, leuchtend gelbe Blüten. Blütezeit: Mai bis Juli.

- **Käsepappel** *(Malva neglecta)*: Alte Heilpflanze mit rundlich-nierenförmigen Blättern, hellrosa Blütchen und (essbaren) kleinen Früchten, die man in ihrer Form mit Käselaiben verglichen hat. Blütezeit: Juni bis Oktober.

Sonne liebende Wildpflanzen

Die nachfolgend aufgeführten Pflanzen können bis weit in den Herbst hinein mit auffälligen Fruchtständen Menschen und Vögel erfreuen.

- **Karde** *(Dipsacus sativus)*: Als »Weberkarde« ist sie eine alte Kulturpflanze: Die Spreublätter des großen Blütenstands mit den unscheinbaren Einzelblüten wurden zum Aufrauen von Textilfasern verwendet. Bestachelte Stängel und Blätter. Blütezeit: Juli und August. Einjährig. Höhe: bis zu zwei Meter.
- **Kleinblütige Königskerze** *(Verbascum thapsus)*: am Stängel herablaufende linealische Blätter; große gelbe Blüten in ährenartiger Traube. Die Pflanze sät sich leicht selbst aus. Blütezeit: Juli bis September. Zweijährig. Höhe: bis zwei Meter
- **Gewöhnlicher Beifuß** *(Artemisis vulgaris)*: fiederteilige Blätter; kleine, unscheinbare bräunliche oder gelbliche Blütenkörbchen in einer Rispe. Blütezeit: Juli bis Oktober. Mehrjährig. Höhe: bis eineinhalb Meter.

Alte Färberpflanzen

Diese Pflanzen wurden früher in Deutschland gewerbsmäßig angebaut. Sie gehören heute – verwildert – zur heimischen Flora.

Färberwaid *(Isatis tinctoria)* für Blautöne.

Färberwau *(Reseda luteola)* für Gelbtöne.

Färberkamille *(Anthemis tinctoria)* für Gelbtöne.

Färberkrapp *(Rubia tinctoria)* für Rottöne.

Gefährdete Wildpflanzen

Astlose Graslilie *(Anthericum liliago)*, Karthäusernelke *(Dianthus carthusianorum)*, Knollenplatterbse *(Lathyrus tuberosus)*, Kornblume *(Centaurea cyanus)*, Nickendes Leimkraut *(Silene nutans)*.

Anflugpflanzen

Ein interessantes Experiment, gerade auch für Kinder: Bereiten Sie im Frühjahr einen Kasten für eine Aussaat vor – aber säen Sie nichts hinein. Lassen Sie die Erde im Gefäß nicht austrocknen. Nach einiger Zeit werden Samen aufgehen, teils von Ihren Balkon- oder Terrassenpflanzen, teils von Pflanzen aus der Umgebung, deren Samen mit dem Wind, durch Vögel oder auch Ameisen transportiert werden.

Pflanzenportraits

Die folgenden Pflanzenportraits stellen Ihnen – ohne Anspruch auf Vollständigkeit – erprobte klassische und neuere Balkon- und Terrassenpflanzen vor. Damit Sie sich mit einem Blick informieren können, finden Sie am Rand eines jeden Eintrags eine Symbolleiste, in der Wichtiges über die Pflanze mitgeteilt wird. Beachten Sie: Die Düngerangaben beziehen sich, wenn nicht anders angegeben, auf organischen Flüssigdünger.

Die Bedeutung der Symbole

H	Höhe der Pflanze
⊙	Einjährige Pflanze
⊙	Zweijährige Pflanze
♃	Ausdauernde Pflanze
×	Überwinterung entfällt
⌂	Überwinterung im Haus
❄	Überwinterung im Freien
☼	Sonniger Standort
◑	Halbschattiger Standort
●	Schattiger Standort
◡	Reichlich gießen
◡	Mäßig gießen
◡	Sparsam gießen
☠	Giftpflanze
☺	Besonders anspruchslos (tolerant gegenüber Standort, einjährig oder problemlos beim Überwintern, robust)

Balkonpflanzen

Für die Bepflanzung von Kästen, Kübeln, Schalen und Ampeln auf dem Balkon eignen sich üppig blühende Pflanzen, die nicht zu hoch werden und wenig Platz für die Wurzeln beanspruchen.

Leberbalsam (Ageratum houstonianum)

Familie: Asteraceae (Korbblütler).
Merkmale: als einjährige Sommerblume gezogener Halbstrauch. Herz- bis eiförmige Blätter; blaue, rosa oder violette Blüten in Dolden; buschiger Wuchs. Der unermüdlich blühende Leberbalsam stammt aus Mexiko. Er passt gut zu rosa Begonien oder der gelben Pantoffelblume.
Blütezeit: Mai bis September.
Standort: sonnig bis halbschattig; nährstoffreiche Erde.
Pflege: reichlich gießen; alle zwei Wochen düngen; nicht zu dicht setzen.

H: bis 20 cm;
⊙; ×; ☼–◑; ◡;
☠; ☺

Platz ist auch auf dem kleinsten Fensterbrett.

Vermehrung: Aussaat Februar/März als Vorkultur.
Krankheiten und Schädlinge: Spinnmilben.

Goldtaler (Asteriscus maritimus)

Familie: Asteraceae (Korbblütler).
Merkmale: Staude. Länglich-eiförmige Blätter; gelbe Blütenköpfe; lange Triebe. Die ausdauernd blühende Pflanze kam erst in den achtziger Jahren aus dem Mittelmeerraum zu uns. Eignet sich für Ampeln.

H: 25–30 cm; ♃; ⌂; ☼–◑; ⊔

Blütezeit: April bis Oktober.
Standort: sonnig, warm; nährstoffreiche Erde.
Pflege: von April bis September mäßig gießen und alle zwei Wochen düngen; Verblühtes entfernen.
Überwinterung: kühl (etwa 10 °C), hell; nur so viel gießen, dass die Pflanze nicht austrocknet.
Vermehrung: Kopfstecklinge im Sommer.
Krankheiten und Schädlinge: Blattläuse.

Knollenbegonie (Begonia tuberhybrida)

Familie: Begoniaceae (Schiefblattgewächse).
Merkmale: Stauden. Herzförmige Blätter; Blütenfarben von Weiß über Gelb bis Rot. Girlandenbegonien sind Züchtungen, die lange Ranken bilden und daher für Ampeln gut geeignet sind. Begonien sind in den Tropen und Subtropen Amerikas und Asiens beheimatet. Ihren Namen erhielten sie nach dem Statthalter von Santo Domingo, M. Begon (1638–1710). Neben den als bäuerliche Fenster- und Balkonpflanzen beliebten Knollenbegonien gibt es Blatt-, Blüten- und Strauchbegonien.

H: 30–40 cm; ♃; ⌂; ●; ⊔; ☺

Blütezeit: von Frühjahr bis Spätsommer.
Standort: hell, aber eher schattig; humose, durchlässige, nährstoffreiche Erde.
Pflege: im Sommer mäßig gießen, nicht austrocknen lassen; bis zum Spätsommer jede Woche düngen.

Überwinterung: Vor dem ersten Frost oberirdische Pflanzenteile bis auf ein bis zwei Zentimeter abschneiden; Knollen aus der Erde nehmen, kühl (10 °C) und trocken lagern. Im Frühjahr eintopfen, langsam wärmer und ab Mitte Mai ins Freie stellen.
Vermehrung: Aussaat von November bis Februar als Vorkultur; eventuell Knollenteilung im Frühjahr (jedes Teilstück mit mehreren Knospen).
Krankheiten und Schädlinge: Blattläuse, Mehltau.

Maßliebchen (Bellis perennis)

Familie: Asteraceae (Korbblütler). Abstammung vom Gänseblümchen.
Merkmale: zweijährig gezogene Staude. Verkehrt-eiförmige, am Rand gekerbte Rosettenblätter; Blütenkörbchen einzeln auf blattlosem Stängel. Es gibt gefüllte und ungefüllte Zuchtformen in Weiß, Rosa und Rot.
Blütezeit: März bis Juni.
Standort: sonnig bis halbschattig; keine besonderen Substratansprüche.

H: 10–15 cm; ⊙; ❄; ☼–◑; ⊔; ☺

Pflege: reichlich gießen; von Zeit zu Zeit düngen.
Überwinterung: im Freien.
Vermehrung: Aussaat im Juni für das folgende Jahr.
Krankheiten und Schädlinge: Mehltau.

Blaues Gänseblümchen (Brachyscome iberidifolia)

Familie: Asteraceae (Korbblütler).
Merkmale: einjährige Sommerblume. Blätter fein gefiedert; duftende blaue, violette, weiße, rosa Blütenköpfchen an langen Stielen. Eignet sich besonders für flache Gefäße. In seiner Heimat Australien wächst es in Felsgelände.

H: bis 45 cm; ⊙; ×; ☼; ⊔

Blütezeit: Hochsommer bis Herbst.
Standort: sonnig; nährstoffreiche Erde.

Pflege: sparsam gießen; alle zwei Wochen düngen.
Vermehrung: Aussaat im März als Vorkultur.
Krankheiten und Schädlinge: Weiße Fliege.

Pantoffelblume (Calceolaria-Hybriden)

H: bis 60 cm;
⊙; ×; ◑; ⊔

Familie: Scrophulariaceae (Braunwurzgewächse).
Merkmale: einjährig gezogene Staude. Rosettenblätter; zweilippige (an einen Pantoffel erinnernde) Blüten mit rotem, gelbem, orangem oder rotem Muster. Die Stammformen unserer Gartenpantoffelblumen sind in den gemäßigten bis tropischen Gebieten Mexikos, Zentral- und Südamerikas beheimatet. Die ersten Hybriden erschienen schon 1830 in England. Pantoffelblumen sind beliebte bäuerliche Fenster- und Balkonpflanzen; auch für Ampeln geeignet.
Blütezeit: Mai bis Oktober.
Standort: halbschattig, hell; nährstoffreiche Erde.
Pflege: reichlich gießen; jede Woche sparsam düngen; vor Regen und Zugluft schützen.
Vermehrung: Aussaat im Spätwinter als Vorkultur; Stecklinge im Spätsommer.
Krankheiten und Schädlinge: Blattläuse, Weiße Fliege.

Die Calendula wird auch Ringelrose oder Sonnenwende genannt.

Ringelblume (Calendula officinalis)

Familie: Asteraceae (Korbblütler).
Merkmale: einjährige Sommerblume. Lange, schmale Blätter; goldgelbe oder orangerote Blütenköpfchen. Es gibt gefüllte und ungefüllte Sorten. Die Ringelblume stammt aus Südeuropa und wurde bereits im 12. Jahrhundert zu uns gebracht. Sie ist eine alte Bauerngartenpflanze, deren Heilwirkung gegen Geschwüre und Geschwulste genutzt wurde.
Blütezeit: Juni bis November.

Standort: sonnig; durchlässige, etwas kalkhaltige Erde.
Pflege: mäßig gießen; selten düngen.
Vermehrung: Aussaat im Frühjahr direkt im Freien. Sät sich leicht selbst aus.
Krankheiten und Schädlinge: Rostpilze, Brandpilze.

H: 30–50 cm; ☉; ×; ☼; ⊔; ☺

Besenheide (Calluna vulgaris)

Familie: Ericaceae (Heidekrautgewächse).
Merkmale: immergrüner Zwergstrauch. Kleine, schuppenförmige Blätter; weiße, rosa, violette oder bläuliche Blüten. Aus dieser heimischen Pflanze wurden früher Besen gefertigt.
Blütezeit: je nach Sorte Juni bis Dezember.
Standort: sonnig bis halbschattig; sandige, saure Erde (auch mit Sand vermischte Rhododendronerde).
Pflege: im Sommer sparsam mit kalkarmem Wasser gießen; im Frühjahr und Frühsommer einige Male düngen. Im Frühjahr zurückschneiden.
Einpflanzen: zwischen den Pflanzen 30 bis 40 Zentimeter Abstand.
Überwinterung: im Freien. Nur so viel gießen, dass die Pflanze nicht austrocknet.
Vermehrung: Aussaat im Frühjahr im Freien; halbreife Stecklinge im Sommer.
Krankheiten und Schädlinge: wenig anfällig.

H: bis 100 cm; ♃; ❄; ☼–◑; ⊔; ☺

Glockenblume (Campanula)

Familie: Campanulaceae (Glockenblumengewächse).
Merkmale: Stauden mit glockenförmigen blauen, violetten, weißen oder rosa Blüten und unterschiedlich geformten Blättern. Geeignete Arten für Schalen und Ampeln: C. isophylla; C. poscharskyana (Sternglockenblume); C. capartica (Karpatenglockenblume); C. pyramidalis; C. fragilis ist eine beliebte bäuerliche Topf- oder

H: 15–25 cm; ♃; ❄; ☼–◑; ⊔; ☺

Ampelpflanze. Die Gattung umfasst sehr viele Arten; etliche sind Pflanzen unserer Wildflora. Die zuvor aufgeführten Arten stammen sämtlich aus Süd- und Osteuropa.
Blütezeit: Mai bis September.
Standort: sonnig bis halbschattig; durchlässige Erde.
Pflege: im Sommer mäßig gießen; alle zwei Wochen düngen. Nach der Blüte kräftig zurückschneiden.
Überwinterung: im Freien.
Vermehrung: Aussaat im August im Freien; Kopfstecklinge im Frühjahr; Teilung im Herbst.
Krankheiten und Schädlinge: Blattläuse, Spinnmilben, Grauschimmel.

Herbstchrysanthemen (Chrysanthemum-Indicum-Hybriden)

Familie: Asteraceae (Korbblütler).

H: 30–50 cm; ⊙, ♃; ×, ⌂; ◑; ⊔

Merkmale: Stauden, die häufig einjährig gezogen werden. Fiederteilige Blätter; gefüllte und ungefüllte Blütenköpfe in Weiß, Gelb, Rosa, Rot, Violett. Die Heimat der Ursprungsarten dieser Gruppe ist China. Die Pflanzen kamen bereits im 8. Jahrhundert n. Chr. nach Japan, erst im 18. Jahrhundert nach Europa. Heute soll es etwa 5000 Sorten Herbstchrysanthemen – gefüllte, ungefüllte, halbgefüllte und pomponblütige – geben!
Blütezeit: September bis Dezember.
Standort: halbschattig und hell; nährstoffreiche, durchlässige Erde.
Pflege: mäßig gießen; jede Woche düngen; Verblühtes entfernen. Nach der Blüte Triebe 10 bis 15 Zentimeter über der Erde abschneiden.
Überwinterung: im Freien mit Winterschutz.
Vermehrung: Kopfstecklinge im Frühjahr.
Krankheiten und Schädlinge: Blattläuse, Spinnmilben.

Herbstzeitlose (Colchicum autumnale)

Familie: Liliaceae (Liliengewächse).
Merkmale: Staude. Lange fleischige tulpenartige Blätter erscheinen erst im Frühjahr, ebenso die roten giftigen Früchte; große weiße, rosa oder violette kelchförmige Blüten. Die Herbstzeitlose besiedelt in ganz Mitteleuropa feuchte Wiesen und Auwälder. Ab der Renaissance kamen auch Arten wie C. speciosum und C. byzantinum in unsere Gärten.
Blütezeit: August bis Oktober.
Standort: sonnig oder halbschattig; feuchte humose Erde.
Setzen der Knollen: im August die Knollen etwa zehn Zentimeter tief setzen.
Pflege: Die im Frühjahr erscheinenden Blätter erst abschneiden, wenn sie vergilbt sind. Im Frühjahr düngen und reichlich gießen.
Überwinterung: abgedeckt im Freien; nicht austrocknen lassen.
Vermehrung: eventuell Knollenteilung im August.

Im Herbst blüht die tödlich giftige Herbstzeitlose.

H: bis 20 cm;
♃; ❄; ☼–◑;
⊔; ☠

Blaue Mauritius (Convolvulus sabatius)

Familie: Convolvulaceae (Windengewächse).
Merkmale: meist einjährig kultivierter, kriechender Halbstrauch. Meterlange Triebe mit kleinen silbrigen Blättern; blaue, rosa oder violette trichterförmige Blüten, die sich morgens öffnen und am Abend schließen. Ihren Namen erhielt die in Südeuropa und Nordafrika beheimatete Pflanze wegen des leuchtenden Blaus ihrer Blüten, das an die berühmte Briefmarke erinnert.
Blütezeit: Juni bis zum Frost.
Standort: sonnig; nährstoffreiche Erde.

H: 15–20 cm;
⊙; ×; ☼; ⊔

Pflege: mäßig gießen; wöchentlich düngen.

Überwinterung: Triebe stark zurückschneiden. Kühl (10 °C) und hell halten. Nicht austrocknen lassen. Im Frühjahr an einen etwas wärmeren Platz und erst nach den Eisheiligen ins Freie stellen.

Vermehrung: Kopfstecklinge im Frühjahr.

Krankheiten und Schädlinge: Blattläuse, Spinnmilben.

Felsenmispel, Zwergmispel (Cotoneaster)

Familie: Rosaceae (Rosengewächse).

Merkmale: immergrüne oder Laub abwerfende Sträucher. Glänzende ovale bis längliche Blätter; kleine rosa oder rote Blüten. Niedrige Sorten und Arten (etwa C. horizontalis) gut geeignet. Die Felsenmispel gehört mit mehreren auf Felsen und Sandboden wachsenden Arten zur heimischen Flora.

H: 20–200 cm; ♃; ❄; ☼–◑; ⊔; ☠; ☺

Blütezeit: April bis Juni. Besonders attraktiv sind die Pflanzen im Herbst mit farbigem Laub und Beeren in verschiedenen Rottönen.

Standort: sonnig bis halbschattig; sandige Erde.

Pflege: sparsam gießen, jedoch nicht austrocknen lassen; im Frühjahr düngen.

Überwinterung: im Freien.

Vermehrung: Teilstecklinge im Frühsommer; Ausläufer.

Krankheiten und Schädlinge: Blattläuse, Feuerbrand.

Einjährige Gartennelke,Topfnelke (Dianthus chinensis)

H: 20–30 cm; ⊙; ×; ☼; ⊔

Familie: Caryophyllaceae (Nelkengewächse).

Merkmale: einjährige Sommerblume. Lange, schmale Blätter; Blüten in Weiß oder verschiedenen Rottönen. Eine nahe Verwandte, die Zweijährige Gartennelke, wurde schon im Mittelalter gezüchtet und findet sich auf alten Bildern als Symbol für den Kreuzestod Christi.

Blütezeit: Juni bis September.

Standort: sonnig; nährstoffreiche Erde.
Pflege: mäßig gießen; alle zwei Wochen düngen.
Vermehrung: Aussaat Februar/März als Vorkultur.
Krankheiten und Schädlinge: Nelkenrost (in nassen Sommern), Blattläuse, Spinnmilben.

Schnee- und Glockenheide (Erica herbacea syn. carnea, E. gracilis)

Familie: Ericaceae (Heidekrautgewächse).
Merkmale: immergrüne Zwergsträucher. Nadelförmige, kleine Blätter in Quirlen; weiße, rosa, rote oder violette krugförmige Blüten. Die Gattung ist mit vielen Arten in Afrika und Europa beheimatet. Als heimische Pflanze lichter Wälder kommt die Schneeheide auch in den Alpen, im Alpenvorland und im Bayerischen Wald vor.

H: 20–40 cm;
♃; ❄; ○–◑; ⊔

Blütezeit: E. gracilis: August bis zum Frost. E. herbacea: Dezember bis April.
Standort: sonnig bis halbschattig, kühl; saures Substrat (etwa auch Azaleenerde oder Rhododendronerde).
Pflege: mäßig gießen; alle zwei Wochen düngen.
Überwinterung: E. herbacea im Freien. E. gracilis wegwerfen.
Vermehrung: absenken im Spätsommer.
Krankheiten und Schädlinge: Echter Mehltau, Grauschimmel.

Fuchsien sind meist zweifarbig: weißrosa, rosalila oder rosarot.

Fuchsie (Fuchsia)

Familie: Onagraceae (Nachtkerzengewächse).
Merkmale: Laub abwerfende Halbsträucher; aufrecht oder hängend wachsend. Eiförmige Blätter; unterschiedliche Blütenformen und -farben. Oftmals sind die Blütenblätter anders gefärbt als die Kelchblätter. F. magellanica (Scharlachfuchsie) verträgt etwas Frost. Die

Gartenfuchsien stammen von mittel- und südamerikanischen Arten ab. In ihrer Heimat werden diese von Kolibris bestäubt. Schon gegen Ende des 18. Jahrhunderts kamen die ersten Fuchsien nach Europa. Durch Züchtungen entstanden die vielen Sorten.

Blütezeit: Frühjahr bis Spätherbst.

H: bis 50 cm; ♃; ⌂; ◑–●; ⊔

Standort: halbschattig bis schattig; windgeschützt; humoses, nährstoffreiches Substrat.

Pflege: im Sommer reichlich gießen und jede Woche düngen. Die Pflanzen lieben feuchte Luft, daher bei Hitze und Trockenheit abduschen.

Überwinterung: kühl (4 bis 8 °C) in einem hellen oder dunklen Raum. Nur so viel gießen, dass die Pflanzen nicht vertrocknen. Im Frühjahr kräftig zurückschneiden, um buschigen Wuchs zu fördern (nicht zu tief ins alte Holz). Ab Mitte Mai ins Freie stellen.

Vermehrung: Aussaat im Frühjahr; Kopfstecklinge während der Vegetationsperiode.

Krankheiten und Schädlinge: Weiße Fliege.

Gazanie, Mittagsgold (Gazania-Hybriden)

Familie: Asteraceae (Korbblütler).

Merkmale: meist als einjährige Sommerblumen kultivierte Sträucher. Längliche, schmale Blätter; Blütenköpfchen in Gelb- und Orangetönen, häufig mit dunklen Flecken am Grund. Die aus Südafrika stammenden Pflanzen sind nach dem griechischen Gelehrten Theodoros Gaza (1398–1476) benannt.

Blütezeit: Juni bis September.

H: 15–50 cm; ⊙; ×, ⌂; ☼; ⊔

Standort: sonnig; durchlässige, leicht sandige, nährstoffreiche Erde.

Pflege: mäßig gießen; alle zwei Wochen düngen.

Vermehrung: Aussaat im Februar bei 16 °C.

Überwinterung: kühl (5 bis 7 °C), hell.

Strauchveronika (Hebe-Andersonii-Hybriden)

Familie: Scrophulariaceae (Braunwurzgewächse).
Merkmale: immergrüne Sträucher mit Blättern unterschiedlicher Formen und Farben; weiße, blaue, rosa, violette Blüten in Trauben. Die Gattung Hebe ist in Australien, Neuseeland und dem Süden Südamerikas beheimatet.
Blütezeit: August bis Oktober.
Standort: sonnig; windgeschützt; durchlässige, nährstoffreiche Erde.
Pflege: im Sommer: reichlich gießen, Staunässe vermeiden; alle zwei Wochen düngen.
Überwinterung: kühl (6 bis 10 °C), hell. Es gibt auch winterharte Arten wie Hebe pinuifolia.
Vermehrung: halbreife Kopfstecklinge oder Teilstecklinge im Sommer.

H: 50 cm;
♃; ⌂; ☼;

Heliotrop, Vanilleblume (Heliotropium arborescens)

Familie: Boraginaceae (Rauhblattgewächse).
Merkmale: bei uns einjährig gezogener immergrüner Strauch. Dunkelgrüne längliche raue Blätter; violette Blütendolden, die nach Vanille duften. Heliotrop wird auch als Kübelpflanze gezogen (Hochstämmchen). Die Pflanze stammt aus Peru, wo die Gattung mit vielen Stauden oder Sträuchern vertreten ist.
Blütezeit: Mai bis Oktober.
Standort: sonnig; windgeschützt; nährstoffreiche, leicht sandige Erde.
Pflege: sparsam gießen; alle zwei Wochen düngen. Für einen buschigen Wuchs etwas zurückschneiden. Die Pflanze lässt sich auch zum Hochstamm erziehen.
Überwinterung: kühl (10 °C), hell (jedoch kaum lohnend). Im Frühjahr umtopfen.

H: bis 60 cm;
⊙, ♃; ×, ⌂; ☼;
; ☠

Vermehrung: Aussaat im Frühjahr im Haus; Stecklinge im Sommer.

Krankheiten und Schädlinge: Weiße Fliege.

Hyazinthe (Hyacinthus orientalis)

Familie: Liliaceae (Liliengewächse).

Merkmale: Staude (Zwiebelpflanze). Grundständige, lanzettförmige große Blätter; stark duftende Blüten in Weiß, Rosa, Rot, Blau in dichten Trauben an einem fleischigen Schaft. Die ersten Exemplare wurden bereits Ende des 16. Jahrhunderts aus dem östlichen Mittelmeergebiet nach Europa gebracht.

Hyazinthen gehören zu den ersten Frühlingsblühern.

Blütezeit: Dezember bis Mai.

Standort: halbschattig und eher kühl; leicht sandige, nährstoffarme Erde. Nach der Blüte Pflanzen möglichst in den Garten setzen.

Pflege: während der Blütezeit reichlich gießen.

Setzen der Zwiebeln: im Herbst etwa 20 Zentimeter tief in ein großes Gefäß mit Erde. Angießen, mit Laub abdecken.

Überwinterung: Gefäß mit den Zwiebeln geschützt im Freien aufstellen. Die Erde darf den Winter über nie völlig austrocknen.

H: 20–25 cm; ♃; ❄; ◑; ⊔; Duftpflanze

Vermehrung: Brutzwiebeln im Sommer von der Mutterknolle lösen und in kleine Töpfe setzen; blühen erst nach mehreren Jahren.

Krankheiten und Schädlinge: Wurzelfäule.

Fleißiges Lieschen (Impatiens-Walleriana-Hybriden)

Familie: Balsaminaceae (Balsaminengewächse).

H: 30–60 cm; ⊙; ×; ☼–●; ⊔; ☺

Merkmale: meist einjährig gezogene Halbsträucher. Fleischige Triebe; grüne oder rötliche, glänzende Blätter; weiße oder rote Blüten. Die ersten Exemplare der im tropischen Afrika und Sansibar beheimateten Gattung wurden schon im 17. Jahrhundert nach Europa gebracht. Fleißige Lieschen sind seit langem beliebte bäuerliche Fenster- und Balkonpflanzen.

Blütezeit: Juni bis Oktober.

Standort: sonnig bis schattig, warm, jedoch im Sommer nicht in praller Sonne.

Pflege: reichlich gießen; sparsam düngen.

Überwinterung: im Zimmer bei Temperaturen nicht unter 12 bis 15 °C. Im Winter weniger gießen.

Verträgt keinerlei Staunässe: das Fleißige Lieschen.

Vermehrung: Aussaat im Januar als Vorkultur; Kopfstecklinge im Frühjahr oder Herbst (bewurzeln leicht).

Krankheiten und Schädlinge: Weiße Fliege, Blattläuse; Fäulnis der fleischigen Triebe, wenn im Winter zu viel gegossen wird.

Duftsteinrich (Lobularia maritima syn. Alyssum)

Familie: Brassicaceae (Kreuzblütler).

Merkmale: einjährige Sommerblume. Kleine, schmale, eiförmige Blätter; Duftende weiße, rosa, rote oder violette Blüten in Trauben. Durch ihren geringen Platzbedarf ist Duftsteinrich besonders für Balkonkästen geeignet.

Blütezeit: Juni bis Oktober.

Standort: sonnig bis halbschattig; trockene Erde.

Pflege: mäßig gießen; nicht düngen; nach der ersten Blüte für eine üppige zweite zurückschneiden.

H: 6–15 cm; ⊙; ×; ☼–◑; ⊔; ☺; Duftpflanze

Pflanzung: 15 Zentimeter Abstand lassen.

Vermehrung: Aussaat März bis Juni direkt im Freien, auf 10 bis 15 Zentimeter vereinzeln. Die Pflanzen säen sich häufig selbst aus.

Krankheiten: Echter und Falscher Mehltau.

Lobelien bilden dichte Blütenkissen.

Lobelie, Männertreu (Lobelia erinus)

H: 10–25 cm; ⊙; ×; ☼–◑; ⊔; ☺

Familie: Campanulaceae (Glockenblumengewächse).

Merkmale: einjährige Sommerblume. Ovale Blätter; blaue, blauweiße oder rote Blüten. Geeignet als Unterpflanzung für Kochstämme, für Balkonkästen und Ampeln. Die nach dem Botaniker Mathias de l'Obel (1538–1616) benannte Pflanze stammt aus Südafrika.

Blütezeit: Juni bis Oktober.

Standort: sonnig bis halbschattig; nicht zu nährstoffreiche Erde.

Pflege: viel gießen; alle zwei Wochen knapp düngen.

Vermehrung: Aussaat im Vorfrühling als Vorkultur.

Krankheiten und Schädlinge: wenig anfällig.

Alpenvergissmeinnicht (Myosotis alpestris)

H: bis 30 cm; ⊙; ❄; ☼–◑; ⊔; ☺

Familie: Boraginaceae (Raublattgewächse).

Merkmale: meist als zweijährige Sommerblume gezogene Staude. Länglich-ovale, ganzrandige, behaarte Blätter; kleine blaue Blüten mit gelbem Zentrum. Das Alpenvergissmeinnicht ist ein Bewohner feuchter Matten in den Hochgebirgen Europas, Asiens, Nordamerikas.

Blütezeit: April bis Juni.

Standort: sonnig bis halbschattig; durchlässige Erde.

Pflege: während der Hauptwachstumszeit reichlich gießen; im Frühjahr organischen Dünger geben.

Einpflanzen: 15 Zentimeter Abstand lassen.

Überwinterung: im Freien mit Winterschutz.

Vermehrung: Aussaat im Sommer in Schalen im Freien, pikieren, in Töpfe setzen.

Krankheiten und Schädlinge: Blattläuse, Grauschimmel, Mehltau.

Narzisse (Narcissus)

Familie: Amaryllidaceae (Narzissengewächse).
Merkmale: Staude (Zwiebelpflanze). Lange, schmale Blätter; gelbe, orange oder weiße Blüten, die aus einer sternförmigen Hauptkrone und einer Nebenkrone bestehen. Es gibt mehrere Arten, etwa N. pseudonarcissus (Osterglocke, Trompetennarzisse), N. poeticus (Dichternarzisse) mit weißer Haupt- und gelber Nebenkrone, N. tazetta (Tazette) mit mehreren Einzelblüten. Heimat der Pflanzen ist das Mittelmeergebiet. Narzissen sind schon seit der Renaissance beliebte Gartenpflanzen.

H: bis 30 cm; ♃; ❄; ◑; ⊔; ☠; Duftpflanze

Blütezeit: Frühjahr.
Standort: halbschattig; kühl; durchlässige Erde.
Zwiebeln setzen: im Herbst Zwiebeln etwa 15 bis 20 Zentimeter tief in Gefäße mit humusreicher, durchlässiger Erde legen. Angießen, mit Laub abdecken.
Pflege: reichlich gießen; nach der Blüte bis zum Vertrocknen der Blätter alle zwei Wochen düngen.
Überwinterung: im Freien an einem geschützten Platz. Nicht ganz austrocknen lassen.
Vermehrung: Aussaat; Brutzwiebeln (werden in Gefäßen selten gebildet).
Krankheiten und Schädlinge: wenig anfällig.

Pelargonie, »Geranie« (Pelargonium)

Familie: Geraniaceae (Storchschnabelgewächse).
Merkmale: immergrüne Halbsträucher. Die ersten Pelargonien wurden 1631 aus Südafrika nach Europa gebracht. Als Balkon- und Terrassenpflanzen eignen sich insbesondere Vertreter folgender Gruppen:

- **Efeupelargonien:** Die beliebten bäuerlichen Fenster- und Balkonpflanzen gehen auf P. peltatum zurück. Sie wachsen kriechend, haben lange Triebe und efeuartige

H: 30–60 cm; ♃; ⌂; ☼; ⊔; ☺

Blätter. Die Kaskade-Hybriden putzen sich selbst und sind äußerst blühfreudig. Efeupelargonien eignen sich insbesondere für Blumenampeln und Balkonkästen.

▸ **Pelargonium-Zonale-Hybriden:** Diese aufrecht und buschig wachsenden Pelargonien sind ebenfalls beliebte bäuerliche Fenster- und Balkonpflanzen. Die behaarten runden Blätter haben oft braune, silbrige oder goldene Zeichnungen. Zonalpelargonien lassen sich sogar zu Hochstämmchen erziehen.

▸ **Duftpelargonien:** vor allem wegen ihres Dufts geschätzt. Schon 1645 entstand P. fragrans (Kieferduft), 1774 die nach Rosen duftende P. graveolens. Ihre Blätter enthalten viel ätherisches Öl und verströmen insbesondere bei Berührung ihren Duft. P. citriodorum und P. crispum: Zitronenduft, P. tomentosum: Minzeduft.

H: 15–45 cm; ⊙; ×; ☼; ; ☠; Duftpflanze

Blütezeit: Mai bis Oktober.

Standort: sonnig und hell; lehmig-sandige humose, nährstoffreiche Erde (auch »Geranienerde«).

Pflege: im Sommer reichlich gießen, Staunässe vermeiden; jede Woche düngen; Abgeblühtes entfernen.

Überwinterung: kühl (8 bis 10 °C), hell; fast trocken halten. Vorher Blüten und welke Blätter entfernen. Im Winterquartier gebildete Triebe stets entfernen. Im Frühjahr Pflanzen zurückschneiden.

Vermehrung: Aussaat im Dezember als Vorkultur; Kopfstecklinge im Sommer.

Krankheiten und Schädlinge: Blattläuse, Weiße Fliege.

Petunie (Petunia-Hybriden)

Familie: Solanaceae (Nachtschattengewächse).

Merkmale: einjährige Sommerblumen. Breit-ovale Blätter; trichterförmige duftende Blüten in Creme, Weiß, Rosa, Rot, Blau, Violett. Es sind zahlreiche Sorten erhältlich, die meist von P. axillaris, P. integrifolia und

P. violacea abstammen. Sie werden in drei Gruppen unterteilt: Grandiflora-Petunien haben große, meist zehn Zentimeter breite Blüten. Viele sind anfällig für Schäden durch Regen und gedeihen am besten in geschützten Ampeln oder Töpfen.

H: 15–45 cm; ⊙; ×; ☼; ◡/–◡/; ☠; Duftpflanze

Multiflora-Petunien wachsen buschiger als Grandiflora-Petunien und bilden größere Mengen kleinerer, bis fünf Zentimeter breiter Blüten. Hängepetunien, zu denen die Surfinia-Petunien gehören, bilden bis 75 Zentimeter lange Triebe. Die Stammarten unserer Gartenpetunien besiedeln felsige Hänge und gestörte Stellen in Südamerika, vor allem in Argentinien. Klassische Balkonpflanze.

Blütezeit: Mai bis Oktober.

Standort: sonnig, nicht in Westlagen; humose, durchlässige, nährstoffreiche Erde.

Pflege: mäßig bis reichlich gießen; alle zwei Wochen düngen; Abgeblühtes entfernen.

Einpflanzen: zwischen den Pflanzen 20 bis 25 Zentimeter Abstand lassen.

Vermehrung: Aussaat bereits ab Januar als Vorkultur; Stecklinge.

Krankheiten und Schädlinge: Blattläuse.

Die Mutter aller Primeln ist die Schlüsselblume.

Kissenprimel (Primula vulgaris)

Familie: Primulaceae (Primelgewächse).

Merkmale: Staude. Rosette mit lanzett- bis eiförmigen Blättern; rote, gelbe, blaue oder weiße Blüten einzeln an Stielen. Es gibt zahlreiche Sorten. Andere geeignete Primelarten sind: Primula malacoides (Fliederprimel), Primula obconica (Becherprimel), Primula denticulata (Kugelprimel). Die Kissenprimel kommt wild wachsend in Wäldern Europas vor. Wahrscheinlich wurde die Art schon im 15. oder 16. Jahrhundert in Gärten kultiviert.

Blütezeit: Frühjahr.

H: bis 30 cm; ♃; ❄; ◐–●; ⊔; ☺; Allergiegefahr

Standort: halbschattig bis schattig; humose, feuchte Erde.

Pflege: mäßig gießen, stets feucht halten; im Frühjahr sparsam Dünger aufstreuen.

Überwinterung: im Freien. Falls Sie einen Garten haben, sollten Sie die Kissenprimel nach der Blüte auspflanzen.

Vermehrung: Teilung.

Krankheiten und Schädlinge: Blattläuse, Blattfleckenkrankheit.

Rose (Rosa)

Familie: Rosaceae (Rosengewächse).

H: bis 40 cm; ♃; ⌂, ❄; ☼; ⊔; Duftpflanze

Merkmale bis **Schädlinge:** siehe Seite 110. Da Rosen tief wurzeln, sind nur ihre Zwergformen für die Gefäßkultur gut geeignet. Zwergrosen gibt es schon seit einigen Jahrzehnten. Inzwischen existieren viele Sorten in verschiedenen Farben, beispielsweise Scarletta (rot) oder Sonnenkind (gelb). Manche Sorten duften.

Feuersalbei, Salvie (Salvia splendens)

Familie: Lamiaceae (Lippenblütler).

Merkmale: einjährig gezogene Staude. Hellgrüne länglich-ovale Blätter; leuchtend rote Blüten in Trauben. Eine niedrig wachsende Sorte ist beispielsweise die Carabiniere. Die beliebte Balkonpflanze, eine Verwandte unseres Gartensalbeis und des heimischen Wiesensalbeis, stammt aus Brasilien.

H: 20–25 cm; ⊙; ×; ☼; ⊔

Blütezeit: Juni bis Oktober.

Standort: sonnig; regengeschützt; lockere, sandige, durchlässige Erde.

Pflege: sparsam gießen, Staunässe vermeiden; alle zwei Wochen düngen; Verblühtes abschneiden.
Vermehrung: Aussaat im frühen Frühjahr als Vorkultur.
Krankheiten und Schädlinge: Spinnmilben.

Hauswurz (Sempervivum)

Familie: Crassulaceae (Dickblattgewächse).
Merkmale: Staude. Fleischige grüne, rote oder graue Blätter in dichter Rosette; rosa, rote, gelbe oder weiße Blüten auf einem hohen, dicht beblätterten Stiel. Die Rosette stirbt nach der Blüte ab; zuvor hat sie Ausläufer mit neuen Rosetten gebildet. Es gibt verschiedene Sorten, etwa Rubin (dunkelrot), S. funkii, S. arachnoideum (mit Spinnwebhaaren), S. spathilifolium Purpur. Die Gattung ist mit sukkulenten Arten in Süd- und Mitteleuropa vertreten. Seit alten Zeiten hielt man hierzulande die Dachwurz (S. tectorum) auf Dächern und Mauern, da sie als blitzabwehrend galt.

H: bis 30 cm; ♃; ❄; ☼; ⊔; ☺

Blütezeit: Juni bis Juli.
Standort: sonnig; sandige Erde.
Pflege: sparsam gießen, keine Staunässe; nicht düngen.
Überwinterung: im Freien.
Vermehrung: Ausläufer.
Krankheiten und Schädlinge: wenig anfällig.

Studentenblume, Sammetblume (Tagetes)

Tagetes wird gerne als Beetumrandung gepflanzt.

Familie: Asteraceae (Korbblütler).
Merkmale: einjährige Sommerblume. Dunkelgrüne gefiederte Blätter; gelbe, orange oder rote Blüten. Die zahlreichen Hybriden und Kultivare stammen vor allem von T. erecta, T. patula und T. tenuifolia ab. Neuere Züchtungen sind oft frei vom herben Geruch, den die Blätter bei Berührung ausströmen. T. mi-

nuta duftet feinwürzig. Sorten von T. tenuifolia (Gewürztagetes) und T. filifolia (Lakritztagetes) werden auch als Gewürz verwendet. Die Gattung umfasst viele Arten auf heißen, trockenen Hängen und in Tälern Mittel- und Südamerikas sowie eine Art in Afrika.

H: 20–50 cm; ⊙; ×; ☼–◑; ⊔

Blütezeit: Juni bis Oktober.

Standort: sonnig, auch halbschattig; lehmig-humose, nährstoffreiche Erde.

Pflege: mäßig gießen, nicht austrocknen lassen; alle zwei Wochen düngen; Verblühtes entfernen.

Vermehrung: Aussaat von Januar bis März als Vorkultur.

Krankheiten und Schädlinge: Blattläuse, Schnecken.

Kapuzinerkresse (Tropaeolum-Hybriden)

H: 25–30 cm; ⊙; ×; ☼–◑; ⊔

Familie: Tropaeolaceae (Kapuzinerkressengewächse).

Merkmale: einjährige, meist rankende Sommerblume. Schildförmige Blätter mit wachsartiger Oberfläche, oberseits dunkel-, unterseits hellgrün; große trichterförmige, einfache oder gefüllte Blüten in Gelb, Orange oder Rot. Die Gattung umfasst 80 bis 90 vor allem in kühlen Gebirgsregionen Mittel- und Südamerikas heimische Arten. Es sind klimmende, kriechende oder buschige Einjährige und Stauden, häufig mit knolligen Wurzeln.

Die Heimat der Kapuzinerkresse ist Peru.

Blütezeit: Juni bis Oktober.

Standort: sonnig bis halbschattig; lehmig-sandige, eher »magere« Erde.

Pflege: sparsam gießen, nicht austrocknen lassen; nicht düngen. Rankhilfe.

Einpflanzen: 30 bis 50 Zentimeter Abstand.

Vermehrung: Aussaat ab März als Vorkultur, ab Mai direkt im Freien.

Krankheiten und Schädlinge: Spinnmilben, Blattläuse.

Tulpe (Tulipa)

Familie: Liliaceae (Liliengewächse).
Merkmale: Staude (Zwiebelpflanze). Drei bis vier große graugrüne parallelnervige Blätter; große kelchförmige Blüten in verschiedenen Farben. Geeignet für Gefäße sind die botanischen Tulpen (T. greigii, T. kaufmannia, T. fosteriana). Auch frühere, im April blühende, einfache und gefüllte Tulpen sind meist niederwüchsig. Beheimatet sind die Tulpen in Kleinasien und Persien. Nach einer Erzählung sollen in Europa Tulpen erstmals im 16. Jahrhundert als Samen in Wien aufgetaucht, einer anderen zufolge als Zwiebeln im 17. Jahrhundert nach Antwerpen gekommen sein.

Achtung: Tulpen sind schön, aber giftig!

Blütezeit: Frühjahr.
Standort: sonnig bis halbschattig; durchlässige Erde.
Setzen der Zwiebeln: im Herbst etwa zehn Zentimeter tief in ein Gefäß mit einem Gemisch aus Gartenerde, Sand, Kompost. Hornspäne untermischen.

H: bis 50 cm; ♃; ⌂, ❄; ☼–◑; ⊔; Allergiegefahr

Pflege: bis zum Austrieb mäßig gießen, später nur feucht halten. Nach der Blüte in den Garten setzen.
Überwinterung: den Winter über kühl, aber frostfrei halten, nicht austrocknen lassen. Mit Reisig bedeckt und an einem geschützten Platz aufgestellt, kann das Gefäß auch draußen stehen.
Vermehrung: Brutzwiebeln.
Krankheiten und Schädlinge: wenig anfällig.

Verbenen (Verbena-Hybriden)

Familie: Verbenaceae (Eisenkrautgewächse).
Merkmale: einjährig gezogene Sommerblumen. Ovale, gesägte Blätter; weiße, rosa, blaue, violette Blüten in

H: bis 40 cm; ⊙; ×; ☼; ⊔

Dolden. Unsere Gartenverbenen stammen von Stauden und Halbsträuchern in Südamerika ab.
Blütezeit: Juni bis Oktober.
Standort: sonnig; windgeschützt; nährstoffreiche, leicht sandige Erde.
Pflege: mäßig gießen, Staunässe vermeiden; alle zwei Wochen düngen; Verblühtes entfernen.
Vermehrung: Aussaat als Vorkultur im Frühjahr.
Krankheiten und Schädlinge: Blattläuse.

Gartenstiefmütterchen (Viola-Wittrockiana-Hybriden)

H: 15–25 cm; ☺; ❄; ☼–◑; ⌴; ☺

Stiefmütterchen sind Dunkelkeimer: Die Saat mit Erde bedecken und in den Schatten stellen.

Familie: Violaceae (Veilchengewächse).
Merkmale: zweijährige Frühlingsblumen. Ovale, gezähnte Blätter; gefüllte und ungefüllte Blüten in unterschiedlichsten Farbtönen, kräftig Gelb bis Tieflila. Für Balkonkästen geeignet sind Sorten mit niedrigem, buschigem Wuchs wie Gletschereis. Hängend wächst Sunbeam. Viola cornuta, das Hornveilchen, ist mehrjährig, äußerst anspruchslos und blüht den ganzen Sommer über. Auch die heimischen Veilchenarten Wildes Stiefmütterchen (V. tricolor) und Gelbes Veilchen (V. lutea) waren an der Züchtung von V. x wittrockiana, der Stammform der Hybriden, beteiligt.

Blütezeit: je nach Sorte Herbst bis Frühjahr.
Standort: sonnig bis halbschattig; lehmig-humose, nährstoffreiche Erde.
Pflege: mäßig gießen, nicht austrocknen lassen, Staunässe vermeiden; alle zwei Wochen düngen.
Überwinterung: im Freien mit Schutz.
Vermehrung: Aussaat im Hochsommer im Freien.
Krankheiten und Schädlinge: Blattläuse; Schnecken.

Kletterpflanzen

Alle nachfolgend aufgeführten Pflanzen bilden mehrere Meter lange Klettertriebe, die vor oder nach der Blüte zurückgeschnitten werden können.

Waldrebe, Klematis (Clematis)

Familie: Ranunculaceae (Hahnenfußgewächse).

H: 15–25 cm; ♃; ⌂, ❄; ☼; ⊔; ☠

Merkmale: immergrüne und Laub abwerfende Sträucher; Rankenkletterer. Gefiederte Blätter; große oder kleinere Blüten in Weiß, Blau, Violett, Rosa. Man kann zwischen den großblütigen Hybriden und den kleinblütigen Arten unterscheiden. Für die Kübelkultur kommen vor allem niedrig bleibende Waldreben in Frage, z. B. die Arten C. alpina und C. viticella. Die Gattung ist weltweit verbreitet. Heimisch sind die Waldränder besiedelnde Gemeine Waldrebe (C. vitalba) und die Alpenwaldrebe (C. alpina). Im 19. Jahrhundert entstand aus mehreren Arten die Gartenwaldrebe C. x jackmanii mit großen blauen Blüten.

Blütezeit: Manche Waldreben blühen im Frühjahr/Frühsommer, andere im Hoch- oder Spätsommer.

Klematis ist nicht frosthart: Wenn sie im Freien überwintern soll, muss der Wurzelballen geschützt werden.

Standort: Wurzelbereich kühl und feucht, Blütenbereich sonnig und warm; wind- und regengeschützt; lehmig-humose, kalkhaltige Erde.

Pflege: reichlich gießen; von Frühjahr bis Spätsommer jeden Monat düngen. Rankhilfe. Früh blühende Waldreben (C. montana) blühen an den Vorjahrestrieben; sie werden unmittelbar nach der Blüte von toten und schwachen Trieben befreit. Sommerblühende Waldreben, etwa C.-Viticella-Hybriden oder C.-Jackmanii-Hybriden schneidet man im zeitigen Frühjahr kräftig (um ein Drittel) zurück.

Einpflanzen: Graben Sie ein tiefes Pflanzloch, und setzen Sie die Klematis so ein, dass sich die Ballenoberfläche 15 Zentimeter unter der Erdoberfläche befindet.
Überwinterung: in milden Gegenden im Freien, sonst frostfrei hell oder dunkel.
Vermehrung: absenken; halbreife Kopfstecklinge im Sommer.
Krankheiten und Schädlinge: Mehltau, Clematiswelke: Die Pflanzen sterben plötzlich ab. Sie müssen sofort bodennah zurückgeschnitten werden, die Wurzel muss ausgegraben, geputzt und die Erde ersetzt werden.

Glockenrebe (Cobaea scandens)

H: variabel; ⊙, ♃; ×, ❄; ☼; ⊔

Familie: Polemoniaceae (Sperrkrautgewächse).
Merkmale: einjährig gezogener Strauch; Rankenkletterer. Dunkelgrüne Fiederblätter; glockenförmige weiße, später violette Blüten. Wächst sehr rasch und kann größere Flächen bedecken; ideal geeignet für Gitter. Die aus Mexiko stammende Pflanze wurde nach dem spanischen Jesuiten Barnabas Cob (1582–1657) benannt.
Blütezeit: Juli bis Oktober.
Standort: sonnig; sandige, humose Erde.
Pflege: reichlich gießen; alle zwei Wochen düngen.
Vermehrung: Aussaat ab März als Vorkultur.
Überwinterung: im Wintergarten möglich.
Krankheiten und Schädlinge: Blattläuse.

Immergrüner Spindelstrauch (Euonymus fortunei)

H: variabel; ♃; ❄; ☼–●; ⊔; ☠; ☺

Familie: Celastraceae (Spindelbaumgewächse).
Merkmale: immergrüner Strauch; schlecht kletternder Selbstklimmer. Eiförmige, meist dunkelgrüne Blätter; unscheinbare, selten erscheinende Blüten. Die Pflanze stammt aus Japan. Heimisch ist E. europaeus, ein Strauch, der Waldränder, Bach- und Flussufer besiedelt.

Euonymus japonica ist eine beliebte bäuerliche Kübelpflanze, allerdings ist sie nur selten winterhart. Hilfreich ist es, den Wurzelballen mit Mulch oder Tannenreisig abzudecken.
Blütezeit: Juni bis Juli.
Standort: sonnig oder schattig; keine besonderen Substratansprüche.
Pflege: mäßig gießen; alle zwei Wochen düngen; bei Bedarf stutzen.
Überwinterung: im Freien.
Vermehrung: Teilstecklinge im Sommer.
Krankheiten und Schädlinge: wenig anfällig.

Ob Sie für Ihre Kletterpflanzen Kletterhilfen aus Draht oder Holz verwenden, ist unerheblich. Balkonpflanzen sind auch in dieser Hinsicht flexibel.

Efeu (Hedera helix)

Familie: Araliaceae (Efeugewächse).
Merkmale: immergrüner Strauch; Selbstklimmer. Drei- bis fünflappige dunkelgrüne Blätter; bei älteren Pflanzen unscheinbare Blüten; dunkelviolette (giftige) Früchte. Buntlaubige Sorten sind lichthungriger. Bewohner unserer Wälder, wo er 10 bis 30 Zentimeter an Bäumen emporklettert oder am Boden kriecht. Die Ägypter weihten den Efeu Osiris, die Griechen dem Weingott Bacchus. Auf Friedhöfen ist er Symbol des ewigen Lebens. Efeu wird als Heilpflanze bereits in der antiken Literatur erwähnt.
Blütezeit: Herbst (blüht selten); Fruchtreife: Spätwinter.
Standort: schattig, kühl; feuchte, humose Erde.

H: variabel;
♃; ❄; ●; ⊔; ☠

Pflege: von Frühjahr bis Hochsommer reichlich gießen; alle zwei Monate düngen. Triebe festbinden, bis sich die Pflanze mit ihren Haftwurzeln selbst festhält. Im Frühjahr zurückschneiden.
Überwinterung: im Freien.
Vermehrung: halbreife Kopfstecklinge im Sommer.
Krankheiten und Schädlinge: wenig anfällig.

Zierhopfen (Humulus scandens syn. japonicus)

Familie: Cannabaceae (Hanfgewächse).

Merkmale: einjährige Schlingpflanze. Fünf- bis siebenlappige, langgestielte Blätter; unscheinbare Blüten. Die Sorte Variegatus hat weißgrüne Blätter. Der Zierhopfen stammt aus Südostasien. Unser heimischer Hopfen ist eine ausdauernde Pflanze der Bach- und Flussufer. Er wird seit alters als Bierwürze kultiviert.

H: variabel;
⊙; ×; ☼–◑; ⊔

Blütezeit: Juli bis August.

Standort: sonnig bis halbschattig; lehmig-humose Erde.

Pflege: reichlich gießen; jeden Monat düngen; benötigt eine Kletterhilfe.

Vermehrung: Aussaat im März/April als Vorkultur.

Krankheiten und Schädlinge: wenig anfällig.

Prunkwinde, Trichterwinde (Ipomoea)

Familie: Convolvulaceae (Windengewächse).

Merkmale: einjährige Schlingpflanze. Herzförmige Blätter; große Trichterblüten in Blau, Weiß, Rosa, Purpur, die vom Morgen bis zum Abend geöffnet sind. I. purpurea (heute Pharbitis purpurea) blüht mehrfarbig. I. alba hat nachts geöffnete duftende Blüten. Ende des 16. Jahrhunderts kam die leuchtend blaue Kaiserwinde I. tricolor aus dem tropischen Amerika in die europäischen Gärten.

H: variabel;
⊙; ×; ☼; ⊔; ☠;
Duftpflanze

Blütezeit: Juli bis September.

Standort: sonnig, warm; windgeschützt; durchlässige, nährstoffreiche Erde.

Pflege: reichlich gießen; jede Woche düngen; benötigt Kletterhilfe.

Vermehrung: Aussaat im März/April als Vorkultur.

Krankheiten und Schädlinge: Blattläuse, Spinnmilben, Schnecken.

Winterjasmin (Jasminum nudiflorum)

Familie: Oleaceae (Ölbaumgewächse).
Merkmale: Laub abwerfender Strauch; Spreizklimmer. Dreigeteilte, kleine Blätter, die nach den gelben sechszipfeligen Blüten an vorjährigen Zweigen erscheinen. Stammt aus Japan und China.
Blütezeit: November bis April.
Standort: sonnig oder halbschattig; mag nährstoffreiche, durchlässige Erde.
Pflege: im Sommer mäßig gießen, im Winter nur so viel, dass der Wurzelballen nicht vertrocknet; nach der Blüte zurückschneiden. Man kann den Spreizklimmer an einer Kletterhilfe festbinden.
Überwinterung: im Freien.
Vermehrung: halbreife Kopfstecklinge im Frühsommer.
Krankheiten und Schädlinge: Blattläuse; Grauschimmel.

H: variabel;
♃; ❄; ☼–◑; ⊔

Duftwicke (Lathyrus odoratus)

Familie: Fabaceae (Schmetterlingsblütler).
Merkmale: einjährige Rankpflanze. Elliptische Blätter; große duftende Blüten in Weiß, Rosa, Rot, Lavendel, Violett, Gelb. Die Samen sind giftig. Hoch und niedrig wachsende Sorten (bis 60 Zentimeter). Stammt aus Sizilien. Im 18. Jahrhundert gab es bereits viele verschiedene Sorten in europäischen Gärten.
Blütezeit: Juni bis Oktober.
Standort: sonnig; luftig; windgeschützt; durchlässige, nährstoffreiche Erde.
Pflege: reichlich gießen; jede Woche düngen.
Vermehrung: Aussaat Februar/März als Vorkultur, Mitte April Direktaussaat im Freien.
Krankheiten und Schädlinge: Spinnmilben; Echter Mehltau, Grauschimmel.

H: variabel;
⊙; ×; ☼; ⊔; ☠;
Duftpflanze

Passionsblume (Passiflora caerulea)

H: variabel;
♃; ⌂; ☼; ⊔

Familie: Passifloraceae (Passionsblumengewächse).
Merkmale: Laub abwerfender Strauch; Rankenkletterer. Handförmig geteilte Blätter; weiße Blüten mit einer Nebenkrone aus haarigen violettblauen Fortsätzen. Passionsblumen sind in über 400 Arten in Südamerika beheimatet. Die Stammart der am häufigsten erhältlichen P. caerulea ist schon seit 1699 bekannt. Den Blüten der beliebten bäuerlichen Kübelpflanzen werden Symbole des Leidens Christi zugeordnet. Essbare Früchte (Maracuja) haben P. edulis und P. incarnata.

Blüht weiß, blau, violett oder rot: die Passiflora.

Blütezeit: Sommer bis Herbst.
Standort: hell und sonnig, geschützt; humose, nährstoffreiche Erde.
Pflege: im Sommer reichlich gießen; jede Woche düngen. Alljährlich im Frühjahr umtopfen. Zuvor oder bereits vor dem Einräumen kräftig zurückschneiden (auf vier bis sechs Augen). Rankhilfe erforderlich.
Überwinterung: ab Oktober weniger gießen und die Pflanze kühl (10 bis 12 °C) und hell stellen.
Vermehrung: Kopf- oder Teilstecklinge im Frühjahr.
Krankheiten und Schädlinge: Spinnmilben, Schildläuse.

Schwarzäugige Susanne (Thunbergia alata)

H: variabel;
⊙; ×; ☼; ⊔

Familie: Acanthaceae (Akanthusgewächse).
Merkmale: einjährig gezogene Staude; Schlingpflanze. Langgestielte herzförmige Blätter; trichterförmige gelbe oder orange Blüten mit dunklem Zentrum. Die aus Südostafrika stammende Pflanze wurde nach dem schwedischen Botaniker K. P. Thunberg (1743–1828) benannt.

Blütezeit: Juni bis Oktober.
Standort: sonnig; lehmig-humose, nährstoffreiche Erde.
Pflege: reichlich gießen, Staunässe vermeiden; alle zwei Wochen düngen.
Vermehrung: Aussaat ab Februar als Vorkultur.
Krankheiten und Schädlinge: Blattläuse, Spinnmilben, Weiße Fliege.

Glyzine (Wisteria sinensis)

Familie: Fabaceae (Schmetterlingsblütler).
Merkmale: Laub abwerfender Strauch; Schlingpflanze. Gefiederte Blätter; blaue Schmetterlingsblüten, die am Abend duften. Die wegen ihrer blauen Blütentrauben auch Blauregen genannte Pflanze stammt aus China.
Blütezeit: Frühjahr, Frühsommer, manchmal zweite Blüte im Spätsommer/Herbst.

H: variabel; ♃; ❄; ☼; ⊔; Duftpflanze

Standort: sonnig; windgeschützt; humose, feuchte, aber durchlässige Erde.
Pflege: in der Wachstumszeit reichlich gießen; im Frühjahr mit Langzeitdünger versorgen, Wurzelbereich mit Kompost mulchen. Im Vorfrühling Seitentriebe zurückschneiden, im Sommer auslichten. Kletterhilfe zunächst an Drähten nach oben, dann horizontal führen.
Überwinterung: im Freien mit Winterschutz.
Vermehrung: absenken im Frühjahr.
Krankheiten und Schädlinge: wenig anfällig.

Kübelpflanzen

Die meisten Pflanzen dieser Gruppe überstehen die kalte Jahreszeit in einem kühlen, im Allgemeinen hellen Winterquartier. Verschiedene winterharte Gewächse sind aber ebenfalls dankbare Kübelpflanzen, und auch wenige Einjährige gehören dazu.

Die Höhenangaben beziehen sich nicht auf Freilandpflanzen, sondern berücksichtigen die Möglichkeiten der Kübelkultur.

Japanischer Fächerahorn (Acer palmatum)

H: 150–300 cm;
♃; ❄; ◑; ⊔

Familie: Aceraceae (Ahorngewächse).
Merkmale: Strauch. Handförmig gelappte Blätter. Manche Sorten wie Dissectum haben grüne Blätter, die sich im Herbst vor dem Laubfall gelb, rot und golden verfärben, andere wie Atropurpureum behalten ihre dunkelpurpurroten Blätter ganzjährig. Stammt aus China und Japan und trägt seinen Namen wegen der fächerförmigen Gestalt und der palmenartigen Blätter.
Standort: halbschattig; etwas sauere, durchlässige Erde.
Pflege: sparsam gießen, nicht austrocknen lassen, Staunässe vermeiden; im Frühjahr Langzeitdünger geben.
Überwinterung: im Freien.
Vermehrung: Aussaat im Frühjahr im Freien.
Krankheiten und Schädlinge: wenig anfällig.

Agapanthus, Schmucklilie (Agapanthus)

H: bis 60 cm;
♃; ⌂; ☼; ⊔

Familie: Liliaceae (Liliengewächse).
Merkmale: Staude (Zwiebelpflanze). Riemenförmige immergrüne Blätter; blauviolette Blüten in Dolden. Der aus Südafrika stammende Agapanthus ist eine beliebte bäuerliche sowie klassische Kübelpflanze.
Blütezeit: Juli bis August.
Standort: sonnig; humose, nährstoffreiche Erde.
Pflege: reichlich gießen, Staunässe vermeiden; jeden Monat düngen. Nur alle paar Jahre umtopfen.
Überwinterung: kühl (5 bis 10 °C), hell. In milden Gegenden sind die Headbourne-Hybriden winterhart.
Vermehrung: Teilung im Frühjahr (beim Umtopfen).
Krankheiten und Schädlinge: wenig anfällig.

Strauchmargerite (Argyranthemum frutescens)

Familie: Asteraceae (Korbblütler).

Merkmale: immergrüner Halbstrauch, der wegen Überwinterungsproblemen meist einjährig gezogen wird. Grob oder fein zerteilte Blätter; weiße Zungenblüten umgeben als Kranz die gelben Röhrenblüten. Die früher zur Gattung Chrysanthemum gehörende beliebte Kübelpflanze stammt von den Kanarischen Inseln. Sie wird als Strauch und als Hochstamm gezogen.

Blütezeit: Juli bis zum Frost.

Standort: sonnig und hell; durchlässige, nährstoffreiche Erde.

H: bis 200 cm; ♃; ⌂; ☼; ⊔

Pflege: in der Wachstumszeit reichlich gießen; von Frühjahr bis Spätsommer jede Woche düngen.

Überwinterung: kühl (5 bis 10 °C), hell; mäßig gießen. Überwinterte Pflanzen im Frühjahr umtopfen und Triebe um ein Drittel zurückschneiden.

Vermehrung: Kopfstecklinge im Frühjahr.

Krankheiten und Schädlinge: Blattläuse; Wurzelpilze bei zu feuchter Erde im Winter.

Schusterpalme, Metzgerpalme (Aspidistra elatior)

Familie: Liliaceae (Liliengewächse).

Merkmale: immergrüne Staude (Rhizompflanze). Lange, schmale Blätter; violette kleine Blüten, die direkt aus der Erde kommen. Die beliebte bäuerliche Kübelpflanze stammt aus China und Japan.

H: 80 cm; ♃; ⌂; ◑–●; ⊔; ☺

Blütezeit: Frühjahr (blüht selten).

Standort: schattig oder halbschattig, keine pralle Sonne; trockene, durchlässige Erde.

Pflege: in der Wachstumszeit sparsam gießen, nicht austrocknen lassen, Staunässe vermeiden; von April bis August jeden Monat düngen.

Überwinterung: im Zimmer bei 13 bis 21 °C, hell oder dunkel.
Vermehrung: Teilung beim (seltenen) Umtopfen (Teilstücke sollten mehrere Blätter haben).
Krankheiten und Schädlinge: wenig anfällig.

Aukube (Aucuba japonica)

H: bis 200 cm;
♃; ⌂; ◑–●; ⊔;
☠; ☺

Familie: Cornaceae (Hartriegelgewächse).
Merkmale: immergrüner zweihäusiger Strauch. Elliptische ledrige Blätter (bei vielen Sorten gefleckt oder gepunktet); rötliche unscheinbare Blüten in Rispen; rote Beeren (giftig). Die aus Ostasien stammende Aukube war wegen ihrer Widerstandsfähigkeit gegen Luftschadstoffe bereits im 19. Jahrhundert eine beliebte Stadtgartenpflanze.
Blütezeit: März bis April.
Standort: halbschattig bis schattig; lehmige Erde.
Pflege: in der Wachstumszeit mäßig gießen; bis August jeden Monat düngen.
Überwinterung: sehr kühl (gerade eben frostfrei), hell. Verträgt etwas Frost, daher spät einräumen und im April wieder ausräumen. Bei Bedarf kann man im Frühjahr sowohl zurückschneiden als auch umtopfen.
Vermehrung: halbreife Kopfstecklinge im Sommer.
Krankheiten und Schädlinge: Schildläuse.

Berberitze (Berberis)

H: bis 100 cm;
♃; ❄; ○–◑; ⊔;
☠; ☺

Familie: Berberidaceae (Sauerdorngewächse).
Merkmale: immergrüne und Laub abwerfende Sträucher. Länglich-ovale, kleine Blätter (schöne Herbstfärbung bei Laub abwerfenden Arten); gelbe oder orangefarbene Blüten; rote (schwach giftige) Früchte. Für die Kübelkultur eignen sich niedrig wachsende Arten und Sorten wie die Polsterberberitze B. buxifolia Nana. Die

Gattung ist in den gemäßigten Zonen der Nordhemisphäre verbreitet und umfasst Stauden und Sträucher. Einzige heimische Art ist Berberis vulgaris.
Blütezeit: Frühjahr bis Frühsommer. Früchte: Spätsommer bis Spätherbst.
Standort: sonnig bis halbschattig; durchlässige Erde.
Pflege: in der Hauptwachstumszeit mäßig gießen; im Frühjahr Langzeitdünger geben. Von Frühjahr bis Herbst zurückschneiden oder in Form schneiden.
Überwinterung: im Freien; nicht austrocknen lassen.
Vermehrung: Aussaat im Frühjahr im Freien; Teilstecklinge im Herbst.
Krankheiten und Schädlinge: wenig anfällig.

Engelstrompete (Brugmansia)

Familie: Solanaceae (Nachtschattengewächse).
Merkmale: mehr oder weniger immergrüne Sträucher. Große, eiförmige Blätter; rosa, rötliche oder gelbe, abends stark duftende Blüten; Früchte erscheinen in unserem Klima – außer beim Stechapfel – meist nicht. Die in Südamerika beheimateten Pflanzen wurden früher der Gattung Datura zugeordnet. Diese umfasst jetzt nur noch krautige Arten wie den im späten Mittelalter bei uns eingeführten und später verwilderten einjährigen Gemeinen Stechapfel (Datura stramonium), der Teil der Hexensalbe war und für Einreibungen und Tränke gegen Asthma und Krampfhusten verwendet wurde.
Achtung: Datura- und Brugmansia-Arten sind alle stark giftig!
Blütezeit: Juni bis Oktober.
Standort: sonnig bis halbschattig; nährstoffreiche Erde.
Pflege: reichlich gießen; bis zum Spätsommer alle zwei Wochen düngen; Verblühtes entfernen.
Überwinterung: kühl (unter 10 °C), hell oder dunkel.

H: 150–200 cm; ♃; ⌂; ☼–◑; ⊔; ☠; Duftpflanze

Der Stechapfel gelangte erst gegen Ende des 16. Jahrhunderts aus Südrussland zu uns.

Vermehrung: Aussaat; Kopfstecklinge im Frühjahr oder Sommer.
Krankheiten und Schädlinge: Blattläuse, Weiße Fliege, Spinnmilben.

Buchsbaum (Buxus sempervirens)

H: bis 400 cm; ♃; ❄; ☼–●; ⊔; ☠; ☺

Familie: Buxaceae (Buchsbaumgewächse).
Merkmale: immergrüner Baum oder Strauch. Kleine, ovale, ledrige, ganzrandige Blätter; blassgelbe Blüten in Büscheln. Es gibt niedrige und hohe Sorten sowie solche mit panaschierten Blättern. Buchs ist im Mittelmeergebiet beheimatet, kommt jedoch in den mildesten Gegenden Deutschlands auch wild vor. Er ist eine klassische, bereits von den Römern geschätzte Kübelpflanze sowie eine alte Bauerngartenpflanze.
Blütezeit: Frühjahr. Seine Beliebtheit beruht nicht auf den unscheinbaren Blüten, sondern auf dem Laub.
Standort: sonnig bis schattig; kalkhaltige Erde.
Pflege: während der Wachstumsphase sparsam, aber regelmäßig gießen; jeden Monat düngen. Für Formschnitt geeignet.
Überwinterung: im Freien.
Vermehrung: Teilstecklinge im Frühjahr oder Sommer.
Krankheiten und Schädlinge: Schildläuse; Blattfleckenkrankheit.

Zwergzypresse (Chamaecyparis)

H: 100–400 cm; ♃; ❄; ☼–◑; ⊔; ☺

Familie: Cupressaceae (Zypressengewächse).
Merkmale: immergrüne Nadelgehölze. Schuppenförmige Nadelblätter; sehr unscheinbare männliche und weibliche Blütenstände; kleine Zapfen. Für die Kübelkultur geeignet sind beispielsweise C. obtusa (Japanische Muschelzypresse), C. pisifera (Zwerg-Fadenzypresse). Stammt aus Nordamerika und Ostasien.

Standort: sonnig oder halbschattig; windgeschützt; feuchte, humose Erde.
Pflege: reichlich gießen; im Frühjahr düngen.
Überwinterung: im Freien.
Vermehrung: Teilstecklinge im Frühsommer.
Krankheiten und Schädlinge: wenig anfällig.

Bei der Orangenblume duften nicht nur die Blüten, sondern auch die Blätter.

Orangenblume (Choisya ternata)

Familie: Rutaceae (Rautengewächse).
Merkmale: immergrüner Strauch. Glänzende, ledrige, handförmig geteilte Blätter; nach Orangen duftende weiße Blüten in Dolden. Klassische Kübelpflanze, stammt aus Mexiko.
Blütezeit: Mai bis Juni.
Standort: sonnig, warm, hell; durchlässige Erde.
Pflege: im Sommer reichlich gießen (kalkarmes Wasser), Staunässe vermeiden; von Frühjahr bis Spätsommer jeden Monat düngen. Nach der Blüte störende Triebe entfernen und bei Bedarf zurückschneiden.
Überwinterung: kühl (5 bis 10 °C), hell; sparsam gießen. Da die Orangenblume etwas Frost verträgt, kann man sie spät einräumen.
Vermehrung: halbreife Kopfstecklinge und Teilstecklinge im Sommer.
Krankheiten und Schädlinge: Spinnmilben.

H: bis 100 cm; ♃; ⌂; ☼; ◻; Duftpflanze

Chrysanthemum frutescens → *Argyranthemum frutescens*

Zitronengewächse (Citrus)

Familie: Rutaceae (Rautengewächse).
Merkmale: immergrüne Sträucher oder Bäume. Glänzende, ledrige ovale Blätter; weiße oder cremefarbene

H: bis 300 cm; ♃; ❄; ☼; ⊔; Duftpflanzen

duftende Blüten in Büscheln. Es gibt viele Arten, Sorten, Hyriden. Am leichtesten gedeihen Zitronenbäume. C. limon Meyeri wächst weniger sparrig als andere Sorten. Ebenfalls im Kübel wachsen können Orange (C. sinensis), Mandarine (C. deliciosa), Grapefruit (C. x paradisi), Pomeranze (C. aurantium), Kumquat (Fortunella margarita). Das »Orangenbäumchen« x Citrofortunella microcarpa (syn. Citrus mitis) wird nur 60 Zentimeter hoch. Manche Arten haben Dornen. Die aus Südostasien stammenden Zitronengewächse sind klassische Kübelpflanzen.

Blütezeit: meist ganzjährig.

Standort: sonnig, warm; durchlässige, humose Erde.

Pflege: mit kalkarmem Wasser mäßig gießen, Staunässe vermeiden; alle zwei Wochen düngen. Rückschnitt und Formschnitt sind jederzeit möglich.

Überwinterung: kühl (etwa 5 bis 12 °C), hell.

Vermehrung: halbreife Kopfstecklinge im Frühsommer; Abmoosen. Sämlinge blühen erst spät oder gar nicht und müssen veredelt werden, wenn Früchte kommen sollen.

Krankheiten und Schädlinge: Schildläuse.

Datura → *Brugmansia*

Feigenbaum (Ficus carica)

H: bis 300 cm; ♃; ⌂, ❄; ☼; ⊔

Familie: Moraceae (Maulbeergewächse).

Merkmale: Laub abwerfender Baum oder Strauch. Handförmig gelappte Blätter; Blüten vom runden oder birnenförmigen Blütenboden umschlossen; Früchte entstehen nur bei selbstfruchtbaren Sorten. Die klassische Kübelpflanze stammt ursprünglich aus Westasien, wurde jedoch schon von den Griechen und Römern der Antike gepflegt und genutzt. Die Wölfin, die die Grün-

der Roms, Romulus und Remus, säugte, soll unter einem Feigenbaum gerastet haben.
Blütezeit: Juni bis September. Früchte im Spätsommer.
Standort: sonnig, warm; durchlässige, kalkige Erde.
Pflege: in der Wachstumszeit reichlich gießen und alle zwei Wochen düngen. Einkürzen der Triebe erzeugt buschigen Wuchs.
Überwinterung: kühl (2 bis 8 °C), hell (oder dunkel). Da der Feigenbaum etwas Frost verträgt, kann er spät eingeräumt und früh wieder ins Freie gestellt werden. In milden Gegenden ist Überwinterung im Freien möglich. Völlig winterhart ist die Bayernfeige Violetta.
Vermehrung: Kopfstecklinge im Frühjahr; Abmoosen.
Krankheiten und Schädlinge: Schildläuse, Schmierläuse, Spinnmilben.

Roseneibisch, Hibiskus (Hibiscus rosa-sinensis)

Familie: Malvaceae (Malvengewächse).
Merkmale: immergrüner Strauch. Ovale, breite Blätter; große kurzlebige Blüten – in Rot, Weiß, Gelb, Orange, Rosa – mit herausragenden Griffeln und Staubblättern. Die klassische Kübelpflanze stammt aus Tropengebieten Chinas. Heute ist sie als Zierstrauch weltweit in den Tropen verbreitet und sogar die Nationalpflanze Hawaiis.
Blütezeit: März bis Oktober.
Standort: sonnig und warm; wind- und regengeschützt; durchlässige, nährstoffreiche Erde.
Pflege: reichlich gießen; Staunässe vermeiden; von April bis August jede Woche düngen. Jungpflanzen sind im Allgemeinen mit Wachstumshemmern behandelt. Wenn diese abgebaut sind, kann die Pflanze sparrig werden: falls erforderlich im Frühjahr zurückschneiden.

Hibiskus ist auch als Baummalve, Herbst- oder Pappelrose bekannt.

H: 100–200 cm; ♃; ⌂; ☼; ⊔

Überwinterung: bei 15 °C, hell. Bei wärmerem Stand alle vier Wochen düngen. Im Frühjahr umtopfen.
Vermehrung: halbreife Kopfstecklinge im Frühsommer.
Krankheiten und Schädlinge: Knospenfall durch Standortwechsel oder tiefe Bodentemperatur; Spinnmilben.

Hortensie (Hydrangea macrophylla)

H: bis 200 cm; ♃; ⌂; ●; ⊔

Familie: Saxifragaceae (Steinbrechgewächse).
Merkmale: Laub abwerfender Strauch. Große gezähnte Blätter; Blüten – in Weiß, Rosa, Violett, Blau – in flachen Dolden oder kugeligen Blütenständen. Die Blütenfarbe ist bei saurem Boden blau, bei alkalischem rosa oder rot. Die beliebten bäuerlichen Kübelpflanzen stammen aus Nordamerika und Ostasien. Sie wurden bereits im 18. und 19. Jahrhundert nach Europa eingeführt.
Blütezeit: Juni bis Juli.
Standort: schattig, aber nicht dunkel; windgeschützt; feuchte, humose, durchlässige, leicht saure Erde (auch Azaleen- oder Rhododendronerde).
Pflege: von Frühjahr bis Spätsommer reichlich gießen (mit kalkarmem Wasser) und alle zwei Wochen düngen. Staunässe vermeiden. Im späten Frühjahr schwache Triebe bodennah zurückschneiden.
Überwinterung: frostfrei, hell oder dunkel.
Vermehrung: halbreife Kopfstecklinge im Sommer.
Krankheiten und Schädlinge: Blattläuse, Spinnmilben.

Wacholder (Juniperus)

H: bis 100 cm; ♃; ❄; ☼–◑; ⊔; ☺

Familie: Cupressaceae (Zypressengewächse).
Merkmale: immergrüne, meist giftige Holzgewächse. Nadelförmige Blätter, beerenartige Zapfen. Heimische Vertreter dieser auf der Nordhalbkugel weit verbreiteten Gattung sind der Gemeine Wacholder (J. communis), von dem die in Küche und Volksheilkunde verwen-

deten Wacholderbeeren stammen, und der so genannte Sadebaum (J. sabina). Viele Zierformen stammen aus Nordamerika und Ostasien. Etliche niedrig wachsende Sorten.

Die erbsengroßen, blauschwarzen Wacholderbeeren werden gern als Gewürz für Saucen und für Kräuterliköre verwendet.

Standort: sonnig bis halbschattig; durchlässiger, eher magerer Boden.
Pflege: mäßig, aber regelmäßig gießen (auch im Winter); im Frühjahr Dünger aufstreuen.
Überwinterung: im Freien.
Vermehrung: Teilstecklinge im Spätsommer.
Krankheiten und Schädlinge: wenig anfällig.

Wandelröschen (Lantana-Camara-Hybriden)

Familie: Verbenaceae (Eisenkrautgewächse).
Merkmale: immergrüne Sträucher. Ovale, gezähnte grüne Blätter; kleine Blüten in Dolden. Der Name der aus tropischen Gegenden Mittel- und Südamerikas stammenden beliebten bäuerlichen Kübelpflanzen wurde von den Blüten abgeleitet: Sie verändern im Lauf der Zeit ihre Farbe.

H: bis 100 cm; ♃; ⌂; ☼; ⊔; ☠

Standort: sonnig; durchlässige, nährstoffreiche Erde.
Pflege: mäßig gießen und alle zwei Wochen düngen.
Überwinterung: kühl (6 bis 10 °C), hell.
Vermehrung: halbreife Kopfstecklinge im Spätsommer.
Krankheiten und Schädlinge: Weiße Fliege.

Lorbeer (Laurus nobilis)

Familie: Lauraceae (Lorbeergewächse).
Merkmale: immergrüner Strauch, der als Kübelpflanze meist kugelig geschnitten wird. Dunkelgrüne glänzende, länglich-ovale Blätter; gelbgrüne, unscheinbare männliche und weibliche Blüten an verschiedenen Individuen (zweihäusig). Seit Jahrhunderten ist der aus dem Mittelmeerraum stammende Lorbeer als Kübelpflanze ge-

schätzt: wegen seines Aussehens und seiner als Gewürz dienenden Blätter.

Blütezeit: April bis Mai (nur ungeschnittene Pflanzen).

H: bis 300 cm; ♃; ⌂; ☼–◐; ⊔

Standort: sonnig bis halbschattig, warm; lehmig-humose, etwas sandige, nährstoffreiche Erde.

Pflege: in der Wachstumszeit mäßig gießen; von Frühjahr bis Spätsommer alle zwei Wochen düngen. Bei Bedarf im zeitigen Frühjahr zurückschneiden oder in Form schneiden. Dabei keine Blätter durchschneiden. Beim Ein- oder Umtopfen organischen Dünger untermischen. Nur selten umtopfen.

Überwinterung: kühl (5 bis 10 °C), hell (notfalls auch dunkel); nicht austrocknen lassen. Lorbeer verträgt etwas Frost und kann daher spät eingeräumt und zeitig wieder ins Freie gebracht werden.

Vermehrung: Kopfstecklinge im Frühjahr.

Krankheiten und Schädlinge: Schildläuse.

Myrte, Brautmyrte (Myrtus communis)

Familie: Myrtaceae (Myrtengewächse).

Merkmale: immergrüner Strauch. Kleine glänzende ovale Blätter; kleine weiße duftende Blüten. Die klassische Kübelpflanze wird schon seit Jahrhunderten bei uns kultiviert. Im 16. Jahrhundert verdrängte sie im Brautstrauß den bis dahin üblichen Rosmarin.

H: bis 200 cm; ♃; ⌂; ☼–◐; ⊔; Duftpflanze

Blütezeit: Juni bis Oktober.

Standort: sonnig oder halbschattig; kalkarme, nährstoffreiche Erde.

Pflege: in der Wachstumszeit mäßig mit kalkarmem Wasser gießen, keine Staunässe, aber auch kein Austrocknen des Wurzelballens; von Frühjahr bis August alle zwei Wochen düngen. Man kann die Myrte im Frühjahr in Form schneiden; regelmäßiges Stutzen der Triebspitzen sorgt für buschigen Wuchs.

Überwinterung: kühl (5 bis 10 °C), hell. Verträgt leichten Frost und muss erst ab –5 °C eingeräumt werden.
Vermehrung: Kopfstecklinge im Frühjahr und Sommer.
Krankheiten und Schädlinge: Blattläuse, Schildläuse, Weiße Fliege.

Oleander (Nerium oleander)

Familie: Apocynaceae (Hundsgiftgewächse).
Merkmale: immergrüner Strauch. Ledrige, länglich-ovale Blätter; gefüllte oder ungefüllte Blüten in Weiß, Rosa, Rot, Gelb. Es gibt viele Sorten. Die klassische Kübelpflanze stammt aus dem Mittelmeergebiet.
Blütezeit: Juni bis Oktober.
Standort: sonnig; regengeschützt; lehmig-humose, nährstoffreiche Erde.

H: bis 300 cm;
♃; ⌂; ☼; ⊔; ☠

Pflege: von April bis August reichlich gießen und wöchentlich düngen; Verblühtes entfernen. Im Frühjahr einen Teil der alten Triebe abschneiden. Junge Pflanzen alljährlich im Frühjahr, ältere seltener umtopfen.
Überwinterung: kühl (bis 8 °C), hell (oder auch dunkel). Der Oleander verträgt leichten Frost und muss erst ab –5 °C eingeräumt werden.
Vermehrung: Kopfstecklinge (im Wasser) am besten im Hochsommer.
Krankheiten und Schädlinge: Schildläuse, Spinnmilben; Oleanderkrebs (Bakterienerkrankung).

Fichte (Picea abies)

Familie: Pinaceae (Kieferngewächse).
Merkmale: immergrüner Baum. Nadeln rund um den Zweig verteilt; Zapfen. Von unserer heimischen Fichte P. abies stammen verschiedene Zwergformen ab wie P. abies Acrocona (Zapfenfichte), P. abies Echiniformis (Blaue Igelfichte), P. abies Pygmaea (Gnomenfichte),

H: bis 200 cm;
♃; ❄; ☼; ⊔; ☺

P. abies Pumila Glauca (Zwergfichte), P. abies Nidiformis (Nestfichte).
Standort: sonnig; feuchte Erde.
Pflege: mäßig gießen; von Frühjahr bis Spätsommer alle vier Wochen düngen.
Überwinterung: im Freien.
Vermehrung: Fachbetriebe.
Krankheiten und Schädlinge: wenig anfällig.

Kiefer (Pinus)

H: bis 200 cm; ♃; ❄; ☼; ⊔; ☺

Familie: Pinaceae (Kieferngewächse).
Merkmale: immergrüner Baum mit büschelweise zusammen stehenden Nadeln; Zapfen. Lange Nadel und dunkles Grün machen eine Kiefer auf dem Balkon zum winterlichen Blickfang. Niedrige Arten sind Pinus mugo (Bergkiefer), Pinus parviflora (Mädchenkiefer).
Standort: sonnig; magere, durchlässige Erde.
Pflege: sparsam gießen; im Frühjahr düngen.
Überwinterung: im Freien.
Vermehrung: Fachbetriebe.
Krankheiten und Schädlinge: wenig anfällig.

Klebsame (Pittosporum)

H: bis 300 cm; ♃; ⌂; ☼–◑; ⊔; Duftpflanze

Familie: Pittosporaceae (Klebsamengewächse).
Merkmale: immergrüner Strauch. Ovale, ganzrandige, ledrige, glänzende grüne oder auch panaschierte Blätter; cremeweiße oder rote duftende Blüten. P. tobira hat etwa zehn Zentimeter lange, P. tenuifolium kleine Blätter und dunkelrote Blüten. Die Blätter von P. undulatum sind gewellt und bis 15 Zentimeter lang. Der Name der aus Australien, Neuseeland und Südostasien stammenden Kübelpflanzen leitet sich von den Samen ab: Das schleimige Fruchtfleisch macht sie klebrig.
Blütezeit: April bis Juni.

Standort: sonnig bis halbschattig; lehmige, etwas sandige, nährstoffreiche Erde.
Pflege: in der Wachstumszeit reichlich gießen; bis August alle zwei Wochen düngen. Rückschnitt oder Formschnitt im zeitigen Frühjahr möglich
Überwinterung: kühl (maximal 10 °C), hell. Der Klebsame verträgt leichten Frost und muss erst ab –5° C eingeräumt werden.
Vermehrung: halbreife Kopfstecklinge im Sommer.
Krankheiten und Schädlinge: Schildläuse und Grauschimmel.

Bleiwurz (Plumbago auriculata)

Familie: Plumbaginaccae (Bleiwurzgewächse).
Merkmale: Laub abwerfender Strauch mit langen Trieben, der auch schwach klettert. Dunkelgrüne elliptische Blätter; hellblaue Blüten (Caerulea) oder weiße Blüten (Alba) in endständigen Ähren. Gut geeignet als Topfpflanze, in Balkonkasten, Ampel, Beranken von Gittern. Der Name der aus Südafrika stammenden Kübelpflanze leitet sich vom bleigrauen Saft der Wurzeln her.

H: bis 200 cm;
♃; ⌂; ☼; ⊔

Blütezeit: Juni bis Oktober.
Standort: sonnig; wind- und regengeschützt; lehmig-humose Erde.
Pflege: mäßig gießen; alle drei Wochen düngen; nach der Blüte zurückschneiden. Oftmals ist eine Stütze nötig. Man kann die Bleiwurz auch als Kletterpflanze wachsen lassen und zum Hochstämmchen erziehen.
Überwinterung: kühl (5 bis 8 °C), hell (oder auch dunkel). Die Bleiwurz verträgt keinen Frost. Ab März wärmer stellen.
Vermehrung: Kopfstecklinge im Frühjahr.
Krankheiten und Schädlinge: Weiße Fliege und Spinnmilben.

Kirschlorbeer (Prunus laurocerasus)

Familie: Rosaceae (Rosengewächse).

Merkmale: immergrüner Strauch. Blätter länglich-oval, lederartig, glänzend; weiße Blüten in aufrechten Trauben; schwarzviolette Früchte. Der Kirschlorbeer wird auch Lorbeerkirsche genannt. Er stammt aus Südosteuropa und Kleinasien. Blätter, Rinde und Früchte sind giftig!

H: 200–300 cm; ♃; ❄; ☼–●; ⊔; ☠; ☺

Blütezeit: Mai bis Juni.

Standort: sonnig bis schattig; durchlässige, leicht feuchte Erde.

Pflege: mäßig gießen; im Frühjahr düngen. Falls gewünscht im Frühherbst in Form schneiden. Alte oder zu große Sträucher können im Frühjahr bodennah zurückgeschnitten werden.

Überwinterung: im Freien.

Vermehrung: halbreife Kopfstecklinge im Frühsommer.

Krankheiten und Schädlinge: Wenig anfällig.

Granatapfelbaum (Punica granatum)

Familie: Punicaceae (Granatapfelgewächse).

H: 60–200 cm; ♃; ⌂; ☼; ⊔

Merkmale: Laub abwerfender, oft dorniger Baum oder Strauch. Lanzettliche Blätter; große scharlachrote, auch weiße oder gelbe (gefüllte) Blüten. Es gibt Nutzsorten und Ziersorten. Die Nutzsorten haben Dornen und bringen in unserem Klima so gut wie nie essbare Früchte hervor. Die Ziersorten sind meist kleinwüchsig und haben kaum Dornen. An heimatlichen Standorten – Mittelmeergebiete, Vorderasien – werden die Granatapfelbäume so groß wie Apfelbäume. Assyrer, Ägypter, Griechen und Römer schätzten und nutzten den Granatapfel. Die klassische Kübelpflanze war hierzulande schon im 16. Jahrhundert beliebt.

Blütezeit: Juli bis August.

Standort: sonnig und geschützt; humose, etwas sandige, nährstoffreiche Erde.

Pflege: von April bis Juli reichlich gießen und alle zwei Wochen düngen. Durch Stutzen der Triebe kann man einen buschigen Wuchs fördern.

Überwinterung: kühl (2 bis 8 °C), hell. Nur so viel gießen, dass der Wurzelballen nicht austrocknet. Im März schwache Triebe entfernen und den Baum wieder etwas wärmer stellen. Falls nötig umtopfen.

Vermehrung: Samen (auch aus gekauften Früchten); halbreife Kopfstecklinge im Sommer.

Krankheiten und Schädlinge: Blattläuse, Schildläuse, Spinnmilben.

Die gelee-ähnlichen Samenschalen des Granatapfels sind genießbar: Sie schmecken saftig und süß.

Wunderbaum (Ricinus communis)

Familie: Euphorbiaceae (Wolfsmilchgewächse).

Merkmale: einjährig gezogene Staude. Große violett-grüne fingerförmige, gezähnte Blätter; rote und gelbe Blüten in einem ährigen Blütenstand, der im oberen Teil männliche, im unteren Teil weibliche Blüten trägt; walnussgroße Früchte mit oder ohne Stacheln. Alle Pflanzenteile sind stark giftig, Hautreizungen bei Berührung der Blätter möglich. Die Samen der aus Indien oder dem tropischen Afrika stammenden Pflanze fand man bereits in 6000 Jahre alten ägyptischen Gräbern. Sie sind tödlich giftig.

H: bis 150 cm; ⊙; ✕; ☼; ⊔; ☠

Blütezeit: August bis September.

Standort: sonnig und warm; nährstoffreiche Erde.

Pflege: reichlich gießen; jede Woche düngen. Der Wunderbaum braucht einen großen Pflanzkübel.

Vermehrung: Aussaat mit vorgequollenen Samen im Frühjahr.

Krankheiten und Schädlinge: wenig anfällig.

Heimische Stammformen der abendländischen Rose sind Fuchs-, Hunds- und Essigrose.

Rose (Stammrosen) (Rosa)

H: bis 40 cm;
♃; ⌂, ❄; ☼; ⊔;
Duftpflanze

Familie: Rosaceae (Rosengewächse).

Merkmale: Laub abwerfende Sträucher. Gefiederte grüne Blätter; ungefüllte oder gefüllte Blüten in Weiß, Gelb, Rosa, Rot. Für die Kübelkultur eignen sich auf Stamm veredelte Zwerg- und Bodendeckerrosen. Manche Sorten duften.

Blütezeit: je nach Art Frühsommer bis Herbst.

Standort: sonnig und hell; lehmig-humose, lockere, etwas sandige Erde.

Pflege: in der Wachstumszeit reichlich gießen; von Frühjahr bis Sommer alle zwei Wochen düngen; Verblühtes entfernen.

Überwinterung: im Freien mit gutem Winterschutz oder in einem frostfreien Raum. Im Frühjahr Triebe zurückschneiden; oberste Erdschicht erneuern.

Vermehrung: bei manchen Sorten Aussaat; Kopfstecklinge im Sommer; Veredeln (für Laien schwierig).

Krankheiten und Schädlinge: Blattläuse; Mehltau, Blattfleckenkrankheit, Rostpilze.

Zwergrhododendron (Rhododendron-Repens-Hybriden)

H: 60–100 cm;
♃; ❄; ◑; ⊔; ☠

Familie: Ericaceae (Heidekrautgewächse).

Merkmale: immergrüne Sträucher. Kleine ledrige glänzende ovale Blätter; rote Blüten in Dolden. Diese winterharten Rhododendren, deren Stammformen in China beheimatet sind, eignen sich gut für die Balkon- oder Terrassenkultur.

Blütezeit: April bis Mai.

Standort: halbschattig; windgeschützt; humose, leicht sandige, saure Erde (auch Rhododendronerde).

Pflege: in der Wachstumszeit reichlich mit kalkarmem Wasser gießen; im Frühjahr mit Langzeitdünger oder bis zum Spätsommer alle zwei Wochen mit Rhododendron- oder Azaleendünger versorgen.
Überwinterung: im Freien. Nicht austrocknen lassen, Staunässe vermeiden.
Vermehrung: halbreife Kopfstecklinge im Sommer.
Krankheiten und Schädlinge: Spinnmilben; verschiedene Pilzkrankheiten.

Im Volksmund heißt der Rhododendron auch Almenrausch oder Alpenrose.

Palmlilie (Yucca gloriosa)

Familie: Agavaceae (Agavengewächse).
Merkmale: immergrüner Strauch. Schmale, lange Blätter in dichter Rosette; Blütenstände mit glockenförmigen cremefarbenen Blüten. Stammt aus Mexiko.
Blütezeit: Juli und August (blüht selten).
Standort: sonnig; windgeschützt; humose, durchlässige, nährstoffreiche Erde.
Pflege: in der Hauptwachstumszeit reichlich gießen, Staunässe vermeiden; von Frühjahr bis Hochsommer alle zwei Wochen düngen.
Überwinterung: im Freien mit Winterschutz.
Vermehrung: Aussaat im Frühjahr als Vorkultur; Ausläufer; Stammstecklinge.
Krankheiten und Schädlinge: Blattfleckenkrankheit.

H: bis 150 cm;
♃; ❄; ☼; ⊔

Obst- und Gemüsepflanzen

Die Klassiker in dieser Gruppe sind Zitronenbaum und Tomate. Inzwischen werden jedoch viele andere und immer neue Arten und Sorten, die auch für den Balkon- oder Terrassengarten geeignet sind, angeboten.

Kiwi (Actinidia chinensis)

Familie: Actinidiaceae (Strahlengriffelgewächse).
Merkmale: Laub abwerfender Strauch; Schlingpflanze. Dunkelgrüne herzförmige Blätter; cremefarbene Blüten. Die Früchte haben eine behaarte Haut und grünes Fruchtfleisch. Da Kiwi zweihäusig ist, braucht man, um zu ernten, ein männliches und ein weibliches Exemplar oder selbstfruchtbare Sorten wie Jenny. Die Bayernkiwi Weiki ist winterhart und wächst strauchartig. Kiwi stammt aus China und ist wegen seines Aussehens und seiner wohlschmeckenden Früchte beliebt.

H: bis 400 cm;
♃; ❄; ⌂; ⊔

Blütezeit: Mai bis Juni.
Ernte: Herbst.
Standort: sonnig und warm; durchlässige, sauere Erde.
Pflege: reichlich mit kalkarmem Wasser gießen, Staunässe vermeiden; im Frühjahr Langzeitdünger geben. Bei verschiedenen Sorten Kletterhilfe erforderlich: horizontal gezogene Drähte oder Spalier. Rückschnitt im Winter oder Frühjahr.
Überwinterung: im Freien mit Winterschutz.
Vermehrung: Teilstecklinge im Sommer.
Krankheiten und Schädlinge: Spinnmilben.

Erdbeerbaum (Arbutus unedo)

Familie: Ericaceae (Heidekrautgewächse).
Merkmale: immergrüner Strauch. Grüne glänzende, länglich-ovale Blätter mit gesägtem Rand; cremefarbene duftende Blüten in hängenden Rispen. Gleich nach der Blüte entwickeln sich die roten Früchte. Stammt aus dem Mittelmeergebiet. Die fade schmeckenden, stark zuckerhaltigen Früchte sind eingekocht recht schmackhaft. Blätter, Rinde und Früchte wurden früher zum Gerben von Leder verwendet.

H: 100–300 cm;
♃; ⌂; ◑; ⊔

Blütezeit: November bis März.
Standort: halbschattig, hell; windgeschützt; humose, etwas saure, nährstoffreiche Erde.
Pflege: mit kalkarmem Wasser sparsam gießen, Staunässe vermeiden, nicht austrocknen lassen; von Frühjahr bis Hochsommer alle zwei Wochen düngen.
Überwinterung: kühl (3 bis 8 °C) und hell; ab Februar wärmer stellen. Bei Bedarf im Frühjahr umtopfen.
Vermehrung: Kopfstecklinge im Frühjahr.
Krankheiten und Schädlinge: Spinnmilben.

Zier- und Gemüsepaprika (Capsicum annuum)

Die Paprikafrüchte schmecken getrocknet und eingelegt.

Familie: Solanaceae (Nachtschattengewächse).
Merkmale: meist einjährig gezogene Staude. Dunkelgrüne ovale Blätter; weiße Blüten; je nach Sorte Früchte unterschiedlicher Größe, Form und Farbe. Paprika stammt aus Mittel- und Südamerika und wurde von den Spaniern nach Europa gebracht. Nicht nur Zierpaprika mit den scharfen, als Gewürz verwendbaren Früchten ist für Balkon oder Terrasse geeignet; es gibt auch beim Gemüsepaprika für Gefäße geeignete Sorten, etwa Merit. Eine auf Balkon oder Terrasse gut zu ziehende Peperonisorte (Capsicum frutescens) ist Westlandia.
Blütezeit: Mai bis August.
Ernte: ab Juli.
Standort: sonnig, hell und warm; humose, nährstoffreiche Erde.
Pflege: mäßig gießen; vor dem Pflanzen Kompost oder Hornspäne untermischen.
Vermehrung: Aussaat im Frühjahr als Vorkultur. Pflanzen erst im Mai ins Freie stellen.
Krankheiten und Schädlinge: Blattläuse, Spinnmilben.

H: bis 80 cm; ⊙; ✕; ☼; ⊔; ☠ (mit Ausnahme der Früchte)

Erdbeere (Fragaria)

Familie: Rosaceae (Rosengewächse).

Merkmale: Stauden. Dreiteilige grüne Blätter mit eiförmigen gezähnten Blättchen; weiße Blüten mit aufgewölbtem gelbem Blütenboden; lange Ausläufertriebe, die am Boden kriechen und sich an den Knoten bewurzeln. In vielen Arten in Europa, Asien und den USA verbreitet. Zu Beginn des 18. Jahrhunderts kamen Fragaria chiloensis aus Südamerika und Fragaria virginiana (Scharlacherdbeere) aus Nordamerika nach Europa. Nach über 150 Jahren gärtnerischer Zuchtbemühungen entstand die Gartenerdbeere (Fragaria x ananassa) als Kreuzung zwischen diesen Wildformen. Die Monatserdbeere (Fragaria vesca var. semperflorens) entstand aus unserer heimischen Walderdbeere (Fragaria vesca).

H: bis 20 cm; ♃; ❄; ☼–◑; ⊔

Blütezeit und Ernte: Es gibt verschiedene immer tragende Balkonkastenerdbeeren, die von Frühsommer bis Herbst blühen und fruchten.

Standort: sonnig bis halbschattig; leicht saure, nährstoffreiche Erde.

Pflege: in der Hauptwachstumszeit reichlich gießen und alle zwei Wochen düngen.

Überwinterung: im Freien mit Winterschutz.

Vermehrung: Ausläufer.

Krankheiten und Schädlinge: Grauschimmel, Schnecken.

Gartenkresse (Lepidium sativum)

H: bis 30 cm; ☉; ×; ◑–●; ⊔; ☺

Familie: Brassicaceae (Kreuzblütler).

Merkmale: einjährig. Gefiederte Blätter; kleine weiße Blüten. Die Gartenkresse stammt aus Vorderasien. Sie wurde bereits von den alten Ägyptern verwendet. Gesundheitsfördernde Salat- und Gewürzpflanze.

Blütezeit: Mai bis Juli.

Ernte: junge Pflanzen (fünf bis sechs Zentimeter hoch) mit der Schere über der Erde abschneiden (Salate, Quark, Saucen). Essen Sie Kresse nicht übermäßig, die scharfen Senföle reizen Magen, Darm und Harntrakt.
Standort: halbschattig, im Sommer schattig; keine besonderen Substratansprüche.
Pflege: mäßig gießen, Staunässe vermeiden; bei häufigen Nachsaaten von Zeit zu Zeit wenig organischen Flüssigdünger geben.
Vermehrung: Aussaat ganzjährig auf der Fensterbank, von März bis September im Freien. Alle zwei Wochen kann nachgesät werden.
Krankheiten und Schädlinge: wenig anfällig.

Tomate (Lycopersicon lycopersicum syn. L. esculentum)

Familie: Solanaceae (Nachtschattengewächse).
Merkmale: einjährig. Gefiederte, behaarte duftende Blätter; gelbe Blüten meist in Rispen; rote oder gelbe fleischige Früchte. Für die Topfkultur gibt es verschiedene geeignete Sorten, beispielsweise Balkonstar, Tiny Tim. Alle Teile mit Ausnahme der Früchte sind giftig. Als im 16. Jahrhundert die spanischen Eroberer kamen, kultivierten die Indianer Mexikos und Perus bereits die Tomate. In Europa wurde sie jahrhundertelang als Zierpflanze gehalten. Erst seit Beginn des 20. Jahrhunderts werden hierzulande Tomaten als Gemüse angepflanzt.
Blütezeit: Juni bis September.
Ernte: ab Juli.
Standort: sonnig und warm; wind- und regengeschützt; lehmig-humose, nährstoffreiche Erde. Tomaten vertragen reichlich Kompost (auch wenig verrotteten).
Pflege: reichlich gießen (nur am Fuß); jeden Monat düngen; Seitentriebe entfernen (»entgeizen«). Höhere Sorten brauchen eine Stütze.

H: bis 150 cm; ⊙; ✕; ☼; ⊔; ☠ (mit Ausnahme der reifen Früchte)

Pflanzung: ins Pflanzloch Kompost geben; Setzling tiefer setzen als im vorherigen Topf.

Vermehrung: Anfang bis Mitte März als Vorkultur; ein- bis zweimal pikieren; ab Mitte Mai ins Freie setzen.

Krankheiten und Schädlinge: Mottenschildläuse, Blattläuse, Spinnmilben, Braunfäule.

Miniobstbäume gibt es auch bei anderen Obstarten, etwa bei Birnen, Zwetschgen, Kirschen, Nektarinen und Pfirsichen.

Apfelbaum (Malus domestica)

Familie: Rosaceae (Rosengewächse).

Merkmale: Baum. Eiförmige, am Rande gesägte Blätter; weiße, rosa überlaufene Blüten in Dolden; kugelige Früchte in Gelb, Grün, Rot. Es gibt verschiedene Mini- und Ziersorten. Ballerina-Apfelbäume sind nur etwa 30 Zentimeter breit; die Äpfel wachsen direkt am Stamm. Sie sind daher für engste Räume geeignet. Unsere Apfelbäume sind in züchterischer Arbeit als Hybriden aus europäischen und asiatischen Arten entstanden. Meist brauchen Apfelbäume zur Befruchtung eine zweite Sorte; es gibt jedoch auch selbstfruchtbare Sorten.

H: 80–200 cm; ♃; ❄; ☼; ⊔

Blütezeit: April bis Mai.

Ernte: Sommer bis Herbst.

Standort: sonnig; keine schwere, kalte und nasse Erde.

Pflege: in der Hauptwachstumszeit reichlich gießen; im Frühjahr Langzeitdünger geben. Schnitt: nur zu lange Seitentriebe auf drei Augen zurückschneiden.

Überwinterung: im Freien mit Winterschutz.

Vermehrung: Fachbetriebe.

Krankheiten und Schädlinge: Blattläuse, Mehltau, Baumkrebs, Schorf.

Feuerbohne (Phaseolus coccineus)

Familie: Fabaceae (Schmetterlingsblütler).

Merkmale: einjährige Schlingpflanze. Dreizählige Fiederblätter mit eiförmigen Teilblättern; drei bis fünf rote

Blüten in traubigem Blütenstand; Frucht (Hülse) breit, bis 35 Zentimeter lang mit großen rötlichen, schwarz gesprenkelten Samen (in ungekochtem Zustand giftig). Eine geeignete buschig wachsende Sorte ist z. B. die rotweiß blühende Hestia (Ampel-Feuerbohne). Die Feuerbohne stammt wie die Gartenbohne aus Südamerika. Sie eignet sich auf Balkonen und Terrassen auch zur Begrünung von Wänden und als Sichtschutz.

H: bis 250 cm; ⊙; ×; ◑; ⊔; ☠ (Samen in ungekochtem Zustand)

Blütezeit: Juni bis August.
Ernte: Sommer bis Herbst.
Standort: halbschattig, hell; lehmig-humose, nährstoffreiche Erde.
Pflege: reichlich gießen, nicht austrocknen lassen; alle zwei Wochen düngen. Außer bei buschig wachsenden Sorten ist eine Kletterhilfe nötig.
Vermehrung: Aussaat Mitte April als Vorkultur, ab Mitte Mai im Freien. Abstand zehn Zentimeter.
Krankheiten und Schädlinge: Läuse (Bohnenkraut als Unterpflanzung), Rost.

Radieschen (Raphanus sativus var. sativus)

Familie: Brassicaceae (Kreuzblütler).
Merkmale: einjährig. Blattrosette mit fiederspaltigen, dicken, rau behaarten Blättern; kleine weißliche Blüten; rote Hypokotylknollen. Das Radieschen ist der mildere Verwandte des aus Asien stammenden Rettichs. In Europa seit dem 16. Jahrhundert bekannt.

H: bis 20 cm; ⊙; ×; ●; ⊔; ☺

Blütezeit: Sommer (man erntet aber vor der Blüte).
Ernte: von Frühjahr bis Herbst die Knollen. Warten Sie nach der Aussaat nicht länger als vier Wochen mit der Ernte, da die Knollen sonst pelzig werden.
Standort: schattig; lockerer, humusreicher Boden, in den vor der Aussaat etwas Kompost eingearbeitet wird.
Pflege: mäßig, aber regelmäßig gießen.

Vermehrung: Aussaat im Freien in Kästen oder mit Folie ausgeschlagene Kisten (Abzugslöcher im Boden!): von März bis Juni und ab September Frühlingsradieschen (beispielsweise Saxa), dazwischen Sommerradieschen wie Eiszapfen. Empfehlenswert ist Reihensaat mit fünf Zentimeter Abstand zwischen den Samen und vom Kastenrand. Wenn man reihenweise erntet, kann man sofort wieder nachsäen.
Krankheiten und Schädlinge: Erdflöhe (wenn trocken).

Rote und Weiße Johannisbeere (Ribes rubrum)

H: 50–150 cm; ♃; ❄; ☼–◑; ⊔

Familie: Grossulariaceae (Stachelbeergewächse).
Merkmale: Laub abwerfender Strauch. Dreilappige, gekerbte Blätter; grünliche Blüten in Trauben; rote oder weiße Beeren. Unsere Gartenjohannisbeeren werden im 15. Jahrhundert erstmals genannt. Sie stammen von Arten ab, die in Europa und Asien in Wäldern und an Felsen wild wachsen.
Blütezeit: April bis Mai.
Ernte: Frühsommer.
Standort: sonnig bis halbschattig; humose Erde.
Pflege: reichlich gießen; im Frühjahr Langzeitdünger geben. Schnitt: im Herbst alte (mehr als vierjährige) Triebe dicht über dem Boden abschneiden und dafür neue Triebe nachwachsen lassen.
Pflanzung: ins Pflanzloch reifen, mit Steinmehl vermischten Kompost geben. Pflanze etwas tiefer setzen als sie zuvor stand. Triebe nach der Pflanzung um zwei Drittel zurückschneiden.
Überwinterung: im Freien mit Winterschutz.
Vermehrung: halbreife Stecklinge im Sommer.
Krankheiten und Schädlinge: Pilzkrankheiten (Farntee, Schachtelhalmtee, Zwiebelschalenbrühe zur Bekämpfung geeignet).

Stachelbeere (Ribes uva-crispa)

Familie: Grossulariaceae (Stachelbeergewächse).
Merkmale: Laub abwerfender Strauch. Dreilappige, gekerbte Blätter; Triebe häufig mit Stacheln; rötlichgrüne Blüten; grüne, meist behaarte Beeren mit rauer Schale. Für die Kübelkultur geeignet sind Hochstämmchen. Es gibt inzwischen mehltauresistente Sorten. Stachelbeersträucher wachsen auch in Europa in Hecken und Bergwäldern wild. Unsere Gartenstachelbeeren entstanden im 15. Jahrhundert durch Kreuzung verschiedener Arten.
Blütezeit: April bis Mai.
Ernte: Frühsommer.
Standort: halbschattig, kühl; lehmige, kalkige Erde.
Pflege: reichlich gießen; im Frühjahr Langzeitdünger geben. Schnitt: im Herbst alte Äste dicht über der Erde abschneiden und dafür jedes Jahr einige kräftige junge Triebe nachwachsen lassen.
Pflanzung: Stützpfahl oder Gerüst für die Krone.
Überwinterung: im Freien mit Winterschutz.
Vermehrung: halbreife Stecklinge im Sommer; Absenken im Frühjahr.
Krankheiten und Schädlinge: Mehltau.

H: 50–150 cm;
♃; ❄; ◑; ⊔

Brombeere (Rubus fruticosus)

Familie: Rosaceae (Rosengewächse).
Merkmale: immergrüner Strauch; Spreizklimmer. Drei- bis fünfzählig gefiederte, unterseits weißfilzig behaarte Blätter; Stacheln an Trieben und Blattstielen; weiße oder rosa Blüten in Rispen. Die Triebe bewurzeln sich, wenn sie den Boden berühren (vegetative Vermehrung). Die Beeren sind blauschwarze Sammelsteinfrüchte. Sammelbezeichnung für verschiedene, schwer unterscheid-

H: bis 200 cm;
♃; ❄; ◑–●; ⊔

Die Brombeere wuchert in lichten Waldungen, auf Böschungen und an sonnigen Abhängen.

bare Arten, von denen etliche auch in Mitteleuropa heimisch sind.
Blütezeit: Juni bis August.
Ernte: ab August.
Standort: halbschattig bis schattig; humose, etwas saure Erde (eventuell Nadelkompost zugeben).
Pflege: mäßig gießen, nicht austrocknen lassen (günstig ist eine Mulchdecke); im Herbst Langzeitdünger und Gesteinsmehl geben. Erforderlich ist eine stabile, horizontal angeordnete Kletterhilfe. Schnitt: nach der Ernte abgetragene Triebe herausschneiden; jedes Jahr sechs Jungtriebe herauswachsen lassen und hochbinden; schwache Zweige entfernen; Seitentriebe der Hauptäste im Sommer auf ein bis zwei Knospen zurückschneiden.
Pflanzung: Frühjahr. Triebe nach der Pflanzung auf 25 Zentimeter zurückschneiden.
Überwinterung: im Freien.
Vermehrung: Ausläufer.
Krankheiten und Schädlinge: wenig anfällig.
Anmerkung: Auch bei Himbeeren (Rubus idaeus) sind für die Kübelkultur geeignete Sorten erhältlich.

Rauke, Rucola (Eruca sativa)

H: 10–50 cm;
☉; ✕; ◑; ⊔; ☺

Familie: Brassicaceae (Kreuzblütler).
Merkmale: einjährig. Längliche, fiederteilige, behaarte Blätter; cremefarbene Blüten. Die im Mittelmeergebiet beheimatete Rauke wurde hierzulande im Mittelalter und in der frühen Neuzeit als verdauungsförderndes und harntreibendes Heilmittel geschätzt. Seit einigen Jahren sieht man sie als Salat- und Gewürzpflanze am Gemüsestand wieder.

Blütezeit: Juni bis Oktober.
Ernte: jederzeit junge Blätter (Salate, Saucen).
Standort: halbschattig; humose, eher trockene Erde.
Pflege: mäßig gießen.
Vermehrung: Aussaat ganzjährig auf der Fensterbank, ab April Direktaussaat im Freien.
Krankheiten und Schädlinge: Erdflöhe (Wermutbrühe, Algenkalk, Topf mit Minze daneben stellen).

Frische Kräuter sind auch – sollte Ihr Balkon schon gefüllt sein – problemlos auf der Fensterbank in der Küche zu ziehen.

Küchenkräuter

Die meisten Küchenkräuter sind sonnenhungrig, bevorzugen eher trockene Standorte und nährstoffärmere Substrate, wollen also weder viel Wasser noch viel Dünger. Sie sind fast alle pflegeleicht (daher werden im Folgenden nur die wichtigsten beschrieben), werden selten von Krankheiten und Schädlingen heimgesucht und sind ideal für die Balkon- und Terrassenkultur geeignet. Wegen ihres Gehalts an ätherischen Ölen sind fast alle Küchenkräuter auch Duftpflanzen, etliche auch Heilpflanzen.

Dill (Anethum graveolens)

Familie: Apiaceae (Doldenblütler).
Merkmale: einjährig. Mehrfach fein gefiederte Blätter; kleine gelbe Blüten in Doppeldolden. Dill stammt aus Vorderasien und Südosteuropa. Die Römer schätzten ihn und brachten ihn nach Mitteleuropa. Karl der Große befahl den Anbau von Dill auf den Staatsgütern.

H: bis 100 cm; ☉; ✕; ☼; ⊔; ☺

Blütezeit: Juli bis September.
Ernte: Blätter von Frühjahr bis Herbst (Fisch, Salate, Saucen, Blumen- und Rosenkohl).
Standort: sonnig und warm; windgeschützt; humose, durchlässige, eher magere Erde.

Pflege: mäßig gießen; von Zeit zu Zeit Erde lockern; bei häufigeren Nachsaaten gelegentlich düngen.
Vermehrung: Aussaat ab Februar als Vorkultur, ab April direkt im Freien; Folgesaaten im Abstand von einigen Wochen möglich. Dill sät sich leicht selbst aus.
Krankheiten und Schädlinge: wenig anfällig.

Estragon (Artemisia dracunculus)

Familie: Asteraceae (Korblütler).
Merkmale: Staude. Hellgrüne längliche, ganzrandige Blätter; kleine gelbgrüne Blüten in lockeren Rispen. Erst die Kreuzfahrer des Hochmittelalters brachten den ursprünglich wohl aus dem mittleren und südlichen Asien stammenden Estragon aus dem Heiligen Land zu uns. Geeignet für die Topfkultur ist vor allem der Französische Estragon (Artemisia dracunculus var. sativa).

H: bis 150 cm;
♃; ❄; ☼–◐; ⊔

Blütezeit: August bis Oktober.
Ernte: Blätter vor der Blüte (Fisch, Geflügel, Saucen; zur Herstellung von Estragonessig und -senf).
Standort: sonnig bis halbschattig; nährstoffreiche Erde.
Pflege: in der Hauptwachstumszeit reichlich gießen; vor dem Pflanzen Kompost oder Hornspäne untermischen, alle vier Wochen mit Flüssigdünger düngen.
Überwinterung: im Freien, in kalten Lagen mit Winterschutz; im Herbst zurückschneiden.
Vermehrung: Teilung im Frühjahr oder Herbst.
Krankheiten und Schädlinge: wenig anfällig.

Borretsch (Borago officinalis)

Familie: Boraginaceae (Raublattgewächse).
Merkmale: einjährig. Ovale Blätter, die wie der hohle Stängel rau behaart sind; attraktive sternförmige blaue Blüten. Borago pygmaea ist eine niederwüchsige Sorte und deshalb gut für Balkon oder Terrasse geeignet. Den

aus Südeuropa und Vorderasien stammenden Borretsch schätzten bereits die Römer als Stimmungsaufheller.
Blütezeit: Mai bis Oktober.
Ernte: junge Blätter (alle Salate; Saucen; Suppen).
Standort: sonnig bis halbschattig; nährstoffreiche Erde.
Pflege: reichlich gießen; alle drei Wochen düngen. Borretsch braucht viel Platz – am besten nur je eine Pflanze in ein größeres Gefäß setzen.
Vermehrung: Aussaat ab März als Vorkultur, ab April direkt im Freien.
Krankheiten und Schädlinge: Blattläuse (insbesondere bei Platzmangel).

H: bis 80 cm;
⊙; ×; ☼–◑;
⊔; ☺

Melisse, Zitronenmelisse (Melissa officinalis)

Familie: Lamiaceae (Lipppenblütler).
Merkmale: Staude. Eiförmige, gezähnte, lang gestielte Blätter; kleine weißliche Blüten. Die aus dem Vorderen Orient stammende Melisse wurde in der Antike als Heilpflanze und Bienenfutterpflanze geschätzt. Im Mittelalter kam sie bei uns in die Kloster- und Bauerngärten. Compacta ist niedrig und gut für Töpfe und Kästen geeignet; Variegata hat gelb gesprenkeltes Laub.
Blütezeit: Juli bis August.
Ernte: jederzeit Blätter und junge Triebspitzen (Salate, Fleischgerichte, Milchspeisen, Obstsalat).
Standort: sonnig, auch halbschattig und schattig, warm; windgeschützt; humose, nährstoffreiche Erde.
Pflege: während der Hauptwachstumszeit reichlich gießen; im Frühjahr Langzeitdünger geben.
Überwinterung: im Freien.
Vermehrung: Aussaat ab März als Vorkultur, ab Mai direkt im Freien; Kopfstecklinge im Sommer; Teilung im Herbst oder Frühjahr.
Krankheiten und Schädlinge: wenig anfällig.

H: bis 80 cm;
♃; ❄; ☼–●;
⊔; ☺

Pfefferminze (Mentha x piperita)

H: 50–80 cm;
♃; ❄; ◑; ⊔; ☺

Familie: Lamiaceae (Lippenblütler).

Merkmale: Staude. Länglich-ovale, am Rand gesägte Blätter; rosaviolette Blüten in ährigem Blütenstand. Das Heil- und Würzkraut ist Ende des 17. Jahrhunderts als Bastard aus drei in Europa wild vorkommenden Minzearten in England entstanden (Wasserminze, Rossminze, Grüne Minze). Da die Pflanze im Garten zum Wuchern neigt, ist sie ideal für die Topfkultur geeignet.

Blütezeit: Juli bis August.

Ernte: junge Blätter im Sommer (Tee, Fleischspeisen, Süßspeisen).

Standort: halbschattig bis schattig, warm; humose, feuchte, nährstoffreiche Erde.

Pflege: von Frühjahr bis Sommer mäßig gießen, stets feucht halten und alle zwei Monate sparsam düngen.

Überwinterung: im Freien, in kalten Lagen mit Winterschutz. Im Frühjahr abgefrorene Triebe abschneiden.

Vermehrung: Teilung im Frühjahr oder Herbst.

Krankheiten und Schädlinge: Minzenrost (knapp über der Erde abschneiden und auf Neuaustrieb warten.)

Basilikum (Ocimum basilicum)

H: bis 40 cm;
⊙; ×; ☼; ⊔;
Duftpflanze

Familie: Lamiaceae (Lippenblütler).

Merkmale: einjährig. Eiförmige, leicht wellige duftende Blätter an kurzen Stielen; kleine weiße Blüten in ährigen Blütenständen. Balkonstar bleibt niedrig. Basilikum stammt aus Vorderasien und Indien, wo es heute noch in der ayurvedischen Medizin eine Rolle spielt. Nach Mitteleuropa kam die Pflanze im 12. Jahrhundert.

Blütezeit: Juni bis September.

Ernte: bis zum Blühbeginn Triebe und junge Blätter (Tomaten, Kräutersaucen).

Standort: sonnig und sehr warm; windgeschützt; sandig-lehmige, etwas nährstoffreiche Erde.
Pflege: mäßig gießen mit abgestandenem Wasser; alle vier Wochen düngen; Blütenknospen abzwicken, um die Erntezeit zu verlängern.
Vermehrung: Aussaat ab Ende März als Vorkultur, ab Ende Mai direkt im Freien.
Krankheiten und Schädlinge: wenig anfällig.

Gartenmajoran (Origanum majorana)

Familie: Lamiaceae (Lippenblütler).
Merkmale: einjährige kultivierte Staude. Eiförmige, silbrig behaarte Blätter; weiße bis lila Blüten in Quirlen. Der in der Antike von Ägyptern, Griechen, Römern geschätzte Majoran stammt aus Nordostafrika und Indien.
Blütezeit: Juni bis September.
Ernte: Triebe und junge Blätter (Eintöpfe, Geflügel).
Standort: sonnig und warm; humose, durchlässige Erde.
Pflege: sparsam gießen.
Vermehrung: Aussaat ab März als Vorkultur, ab Ende Mai direkt im Freien.
Krankheiten und Schädlinge: wenig anfällig.

H: 30–50 cm;
☉; ×; ☼; ⊔; ☺

Rosmarin (Rosmarinus officinalis)

Familie: Lamiaceae (Lippenblütler).
Merkmale: immergrüner Strauch. Nadelförmige, auf der Unterseite graufilzig behaarte Blätter; kleine blaue, violette oder rosafarbene Blüten. R. officinalis Prostratus wächst niedrig und ist für Ampeln geeignet; Repanda kann zu Bäumchen gezogen werden. Rosmarin stammt aus dem Mittelmeerraum. Früher begleitete er wichtige Stadien des menschlichen Lebens, insbesondere Hochzeit (im Brautkranz) und Tod (Grabbeigabe).
Blütezeit: März bis Mai.

H: 30–150 cm;
♃; ⌂, ❄; ☼; ⊔

Ernte: von Frühjahr bis Herbst Blätter und Blütentriebe (Geflügel, Fisch, Lamm, Tomatengerichte).
Standort: sonnig, trocken, und warm; lockere, durchlässige, nährstoffarme, etwas kalkhaltige Erde.
Pflege: sparsam gießen; im Frühsommer etwas Langzeitdünger geben.
Überwinterung: kühl (5 bis 10 °C), hell; nur so viel gießen, dass der Wurzelballen nicht austrocknet. Im Frühjahr Pflanze zurückschneiden.
Vermehrung: halbreife Kopfstecklinge im Sommer.
Krankheiten und Schädlinge: wenig anfällig.

Bohnenkraut (Satureja)

H: 30–40 cm;
⊙, ♃; ×, ❄; ☼;
⊔; ☺

Familie: Lamiaceae (Lippenblütler).
Merkmale: Das Gartenbohnenkraut (Satureja hortensis) ist einjährig. Es hat kleine, schmale, leicht behaarte Blätter. Das Berg- oder Winterbohnenkraut (Satureja montana) ist ein Halbstrauch mit etwas größeren und härteren Blättern. Winzige rosa, lila, oder weiße Blüten. In den mittelalterlichen Klostergärten hatte die aus dem Mittelmeergebiet stammende Pflanze bereits einen festen Platz.
Blütezeit: Mai bis September.
Ernte: junge Blättchen und Triebe (Hülsenfrüchte wie Bohnen, Erbsen, Linsen).
Standort: sonnig und warm; lockere, humose Erde.
Pflege: mäßig gießen; Winterbohnenkraut im Frühjahr mit etwas Langzeitdünger versorgen.
Überwinterung: Bergbohnenkraut im Freien, in kalten Lagen mit Winterschutz.
Vermehrung: Aussaat ab April als Vorkultur, ab Mai direkt im Freien. Bei Bergbohnenkraut Teilung im Frühjahr und Stecklinge im Sommer.
Krankheiten und Schädlinge: wenig anfällig.

Über die Autorin

Dr. Gertrud Scherf ist Lehrerin und promovierte Biologin. Sie arbeitet heute als freie Autorin, Redakteurin und Übersetzerin. Neben zahlreichen Fachpublikationen zur Biologiedidaktik hat sie auch Bücher über Umweltschutz, Trinkwasserversorgung, Heilpflanzen sowie ein Wörterbuch der Biologie veröffentlicht.

Literatur

Künast, W./Hartmann, D./Kraus, H.-J.: Gartenliebe. Erfolgreich Gärtnern leicht gemacht. Ludwig Verlag. München 1999
Scherf, Dr. Gertrud: Pflanzen vermehren. Ludwig Verlag. München 1999
Scherf, Dr. Gertrud: Gesundheit von der Fensterbank. Ludwig Verlag. München 1999
Sellenschlo, Dr. Udo/Kolls, Susanne: Ugeziefer verhindern und natürlich bekämpfen. Ludwig Verlag. München 1996

Hinweis

Das vorliegende Buch ist sorgfältig erarbeitet worden. Dennoch erfolgen alle Angaben ohne Gewähr. Weder Autorin noch Verlag können für eventuelle Nachteile oder Schäden, die aus den im Buch gemachten praktischen Hinweisen resultieren, eine Haftung übernehmen.

Bildnachweis

Botanik-Bildarchiv Laux, Biberach: 54, 68, 81 (H. E. Laux); Das Fotoarchiv, Essen: 1 (J. Tack), 4 (J. Sackermann); Heller Joachim, Wettstetten: 71, 73, 83, 87, 111; Lavendelfoto, Hamburg: 77 o. + u. (G. Höfer); Südwest Verlag, München: 18 (F. Heuer), 38 (M. Nagy), 64, 84, 85, 86, 92, 101, 113 (H. J. Heller); 110 (K. Newedel)

Impressum

Redaktion:
Reinhard Bröker
Projektleitung:
Dr. Alex Klubertanz
Redaktionsleitung:
Dr. med. Christiane Lentz
Bildredaktion:
Kathrin Dymke
Produktion:
Manfred Metzger
Umschlag:
Manuela Hutschenreiter, München
Layout:
Wolfgang Lehner
DTP:
Matthias Liesendahl

Printed in Italy
Gedruckt auf chlor- und säurearmem Papier

ISBN 3-517-08069-1

Agapanthus 94
Alpenvergissmeinnicht 78
Apfelbaum 116
Aukube 96

Basilikum 124
Berberitze 96
Besenheide 69
Blaue Mauritius 71
Blaues Gänseblümchen 67
Bleiwurz 107
Bohnenkraut 126
Borretsch 122
Brombeere 119
Buchsbaum 98

Dill 121
Duftsteinrich 77
Duftwicke 91

Efeu 89
Einjährige Gartennelke 72
Einjährige Sommerblumen 57
Engelstrompete 97
Erdbeerbaum 112
Erdbeere 114

Feigenbaum 100
Felsenmispel 72
Feuerbohne 116
Feuersalbei 82
Fichte 105
Fleißiges Lieschen 76
Fuchsie 73

Gartenkresse 114
Gartenmajoran 125
Gartenstiefmütterchen 86
Gazanie 74
Gemüsepflanzen 61, 111ff.
Gewöhnlicher Beifuß 63
Glockenblume 69
Glockenrebe 88
Glyzine 93
Goldnessel 62
Goldtaler 66
Granatapfelbaum 108
Gräser 58
Gundermann 62

Hauswurz 83
Heliotrop 75
Herbstchrysanthemen 70
Herbstzeitlose 71
Hibiskus 101
Hortensie 102
Hyazinthe 76

Immergrüne Gehölze 59
Immergrüner Spindelstrauch 88

Japanischer Fächerahorn 94
Johannisbeere 118

Kapuzinerkresse 84
Karde 63
Käsepappel 63
Kartoffeleimer 61
Kirschlorbeer 108
Kissenprimel 81
Kiwi 112
Klebsame 106
Kleinblütige Königskerze 63
Klematis 87
Kletterpflanzen 11f., 46, 87ff.
Knollenbegonie 66
Koniferen 59
Kübelpflanzen 10, 93ff.
Küchenkräuter 121ff.

Leberbalsam 65
Lobelie 78
Lorbeer 103

Maßliebchen 67
Melisse 123
Myrte 104

Narzisse 79

Obstpflanzen 61, 111ff.
Oleander 105
Orangenblume 99

Palmlilie 111
Pantoffelblume 68
Passionsblume 92
Petunie 80
Pfefferminze 124
Pfennigkraut 62
Prunkwinde 90

Radieschen 117
Rauke 120
Ringelblume 68
Rose 82, 110
Roseneibisch 101
Rosmarin 125
Rucola 120

Schnee- und Glockenheide 73
Schusterpalme 95
Schwarzäugige Susanne 92
Stachelbeere 119
Stecklinge 51
Strauchmargerite 95
Strauchveronika 75
Studentenblume 83
Subtropische Pflanzen 9

Tomate 115
Tropenpflanzen 9
Tulpe 85

Verbenen 85

Wacholder 102
Walderdbeere 62
Waldrebe 87
Wildpflanzen 62f.
Winterjasmin 91
Wunderbaum 109

Zier- und Gemüsepaprika 113
Zierhopfen 90
Zimbelkraut 62
Zitronengewächse 99
Zwergrhododendron 110
Zwergzypresse 98
Zwiebel- und Knollenpflanzen 55